保育のうたあそび決定版

―ワクワク★春・夏のうた―

曲名リスト(あいうえお順)

はじめに

やさしい音楽を聞くとソフトな気持ちに、悲しい音楽を聞くと何だかセンチメンタルに、すごく低音の怖い音楽を聞くとゾーッと寒気が、その反対に荘厳な音楽を聞くと鳥肌がたつほど感動するなど、音楽は自然に人間の心と共鳴します。音楽は、一緒にあそんだり、歌をうたったり、演奏したりすることで、友だちと協調することができ、また自分を表現できるので、発散もできるのです。そしてその楽しかった経験が印象深ければ大人になってから昔の音楽を聞いただけで、一瞬で懐かしい感覚を思い出せる懐古という力があります。つまりこの音楽の持つ力が、豊かな感性を育て、心を育むといわれるのです。そして1曲の中に、はねるリズム・切るリズム・揺れるリズム・流れるリズムなどがあり、このリズムを自然に感じながらあそぶとさらに音楽性を高めることができるのです。

だからこの本の88曲は、そんな音楽の力を自然に感じて欲しいので、音楽あそびのできる春夏の季節の曲・行事に関係する曲・オールシーズン歌える曲から ①楽しく遊べる曲　②時代・世代を問わず一緒に歌える曲　③いろいろなリズムの曲(3拍子・8分の6拍子・スキップのリズム・元気な行進曲・静かな曲など) ④様々なジャンルの曲（こどものうた・明治から現代までの歌・クラシック音楽・ディズニー音楽・わらべうた・英語のあそびうたなどなど）
⑤絵がかける曲　⑥普段の保育はもちろん発表会にも音楽会にも発展できる曲などを意識して選曲しました。そしてCDに入っている曲は、音色にもこだわり、シンセサイザーの音・人間の手で奏でるオーケストラの音・可愛らしい音色のものなどアレンジの楽しい29曲が入っています。

どうぞ楽しい素敵な音楽を子どもたちと一緒に、まず聞いて・歌って・遊んで、みんなでキラキラ笑顔でワクワクの気持ちになってくださいね。

歌と演奏者

歌手：
渡辺かおり／エンジェル・シスターズ（1）、並木のり子／和田琢磨（2）、渡辺かおり（3,15,17, 29）、渡辺かおり／井上かおり／きのしたももか（4）、井上かおり（5, 28）、宮内 良／渡辺かおり（6）、佐久間レイ（7）、岡崎裕美／タンポポ児童合唱団（8）、ルディ・マスヤーニ（9）、高瀬 “makoring” 麻里子／スマイルキッズ（10）、真園ありす／音羽ゆりかご会（11）、坂口 勝／いぬいかずよ（12）、渡辺かおり／トゥインクルズ（13）、真園ありす／エンジェル・シスターズ（14, 23）、井上かおり／きのしたももか（16）、山﨑 薫／エンジェル・シスターズ（18）、micaco.／エンジェル・シスターズ／クラリティー・アーツ（19）、吉田朋代／AKI（22）、長谷知子／エンジェル・シスターズ（24）、井上かおり／トゥインクルズ（25）、渡辺かおり／Seiren Boys（26）
演奏：
レオン・ポップス（20）、東京佼成ウインドオーケストラ（指揮：天野正道）（21）、藤尾 領（27）

※（　）カッコ内の数字はCDトラック番号です。

発達・発育の目安〈運動機能・言語・その他〉

※下記の発達・発育はあくまでも月齢での目安であり、子どもによって差があります。

★0さい★ 親子や保育者とたくさんスキンシップをとろう！

1ヶ月前後〜	あやすと笑う
3ヶ月前後〜	首がすわりはじめる
4ヶ月前後〜	いないいないばあを喜びはじめる
5ヶ月前後〜	寝返りをする 喃語がではじめる
6ヶ月前後〜	おすわりができるようになってくる／音楽が聞こえると体を動かす
8ヶ月前後〜	ハイハイをはじめる
9ヶ月前後〜	つかまり立ちをはじめる／バイバイをする
10ヶ月前後〜	つたい歩きをはじめる／大人の動作のまねをしはじめる
11ヶ月前後〜	ママ・パパ・マンマなどの単語を言う／指さしをする

★1さい★ 一人あそびを十分楽しもう！　指・手あそびも取り入れよう！

1歳前後〜	歩きはじめる／簡単な言葉と動作が結びつくようになる／なぐりがきをする
1歳3ヶ月前後〜	歌に合わせて手をたたいたり、太鼓や鈴など音の出る玩具を鳴らしたりする
1歳6ヶ月前後〜	小走りができるようになってくる／ボールをける／グーパーができるようになる 大人と一緒に言葉の語尾や簡単な単語を歌いはじめる 名前を呼ばれると返事ができるようになってくる
1歳9ヶ月前後〜	上手でボールをなげる／二語文をはなしはじめる

★2さい★ 全身あそびやリズムあそびを取り入れよう！

2歳前後〜	その場で両足ジャンプをする／音楽に合わせて歌いはじめる 大人と一緒にリズムにのって手足を動かす
2歳6ヶ月前後〜	足を交互に出して階段をあがる 三輪車をこいであそびはじめる／自分の名前を言う 大小がわかりはじめる／ごっこあそびがはじまる 色を識別できる／顔らしいものをかく

★3さい★ 簡単なルールのあそびを取り入れよう！

3歳前後〜	片足立ちができるようになる／会話が上手になる 数を理解して3まで数える／チョキができるようになる
3歳6ヶ月前後〜	ケンケンができるようになる でんぐり返しができるようになってくる

★4〜5さい★ 2人組の簡単なあそびを取り入れよう！ 成長とともにグループあそびのルールを変化させて発展してあそぼう！

4歳前後〜	数を理解して10まで数える
4歳6ヶ月前後〜	スキップ・ギャロップができるようになってくる 友だちに合わせたり、力を加減してひっぱりっこをしたりといったあそびもできるようになり、自分の力をコントロールするようになってくる
5歳前後〜	縄跳びを使い両足跳びをする／鉄棒のまえまわりをする 文字や数字への興味・関心が深まる

〈音楽あそびのねらいやポイント〉

音楽あそびは、保育者が歌いながら楽しそうにしているところを見せることが大事！子どもたちは自分のできるところからまねをします。

全身であそぼう

足であそぼう

歩く、走る、跳ぶ、まわる、ゆれる、バランスをとるといった全身運動をすることで、リズム感を養い、体幹を鍛え、身体能力をアップさせることができます。体幹がしっかりすることで、座ったときの姿勢も良くなり、聞く姿勢、学ぶ姿勢にもつながっていきます。

季節の歌であそぼう

歌であそぼう

季節の歌を保育に取り入れることで、より季節を感じ、自然への興味・関心が広がっていきます。歌うことは、自分自身の解放へとつながり、心と体の健康を育みます。

指・手であそぼう

手や指先を使う動きをたくさんすることで、脳の発達を促すとともに、さらにちぎる、ひねるといった行動を増やしていくことで、食具の持ち方や、クレヨン・鉛筆・ハサミの持ち方など、他のことにも良い影響を与えます。

替え歌であそぼう

保育者が子どもたちからのアイデアを引き出し、替え歌にして楽しみましょう。歌詞に触れることで、言葉や数字にも興味・関心が広がっていきます。
友だちと一緒に考え、言葉を伝え合い、共通のイメージを持って協力することで、協同性も生まれます。

2人組であそぼう

グループであそぼう

2人組やグループであそぶことで、人と関わろうとする姿勢や、社会性が芽生え、その中でルールやきまりを知り、守らなければならないことがわかってきます。さらに楽しい音楽は心に共鳴するので、友だちと一緒に楽しい気持ちを分かち合うことができ、協調性が生まれます。

絵をかいてあそぼう

歌に合わせて簡単に描けるので、絵を描くことが苦手な子どもでもOK。ゆったりとしたメロディーはゆっくりと、元気の良い曲は跳ねる・止めるなどリズムに気をつけて、グルグルとまわるような音楽は手首をまわすなど、曲の雰囲気を大事にしながら楽しく描けます。まるで絵の振りつけです。

スキンシップであそぼう

乳児期における親子や保育者等、人との心地よい関わり、つまりスキンシップは、楽しい・嬉しいといった気持ちに共感でき、子どもの情緒の安定や周囲への関心を育んでいきます。優しく語りかけながら歌い、アイコンタクトをとりましょう。

楽器であそぼう

まずは、それぞれの楽器を十分にたたいたり振ったりして、音の響きの違いを知り、鳴らし方により音の強弱が変わることを楽しみましょう。歌ったり踊ったりする表現に自信がない子どもでも、簡易楽器を鳴らすことで音楽を楽しむことができます。

発表会に発展させよう

発表会のために何かをするのではなく、普段の保育で楽しんでしてきたことを発展させてあげましょう。そうすることで、子どもたちは自信を持って発表することができます。人前で緊張する子どもには、その子どもの得意なことを勧めます。発表できたことで、達成感・満足感を得ることができ、さらに自信がつき、次への意欲にもつながります。4～5歳になると、意識してみんなで息を合わせることができるようになり、クラスの統一感も生まれてきます。

ページの基本的な使い方

春夏の季節のうた・日本のわらべうた・世界のこどもうた・今月のうた・クラシック音楽・ディズニー音楽・お話うたの項目がわかります。
音楽あそびを、あそびの種類ごとに12項目に分類。各あそびにアイコンマークがあるので参考に。（ねらいやポイントはP.7参照）
対象年齢
3〜5歳児
おお ブレネリ
日本語詞：松田 稔　スイス民謡
ではあそびの中で気をつけることや、アレンジの仕方などに触れています。
前奏は、終わりの2〜4小節を使用しましょう。
グーチョキパーであそぼう
「グーチョキパー」だけでなく「チョキパーグー」「パーグーチョキ」「グーパーチョキ」など、並び方を変化させてあそぼう。
❶（おお）ブレネリ　〜 おうちはどこ
両手をグーにして8回リズムをとる。
アウフタクト（弱起）といって、1拍目以外の途中の拍から始まっている曲には（ ）でくくることで、1拍目が歌詞のどこから始まっているかがわかるようにしています。
両手をパーにして8回リズムをとる。
歌詞に「・」がついているところと振りの動作が対応しています。

♬基本的に1番のあそび方だけを掲載しています。
2番以降、同じメロディーは1番と同じ動作です。

監修者からのお願い

♬クラス保育には、集団の人数・月齢・第一子が多い、もしくは第二子以降が多い・あそびの経験の多寡など、子どもたちの育ちや環境によって違いがあります。そのことも考慮して、音楽あそびを選んでください。

♬1曲の中に、いろいろな年齢であそべるように、いくつかバリエーションを載せてあります。絶対にこれという決まった型はありませんので、子どもの様子を見ながら、保育者が柔軟にアレンジしてください。

♬対象年齢を記載していますが、CDを聞くことや、歌を歌うことは0歳児からできます（0・1歳は保育者が歌って聞かせる）。まずは、保育者が好きな歌をたくさん聞かせてあげてください。

♬CD 01は発表会用などにアレンジしやすい音楽や、監修者のお気に入りの曲で、CDに29曲収録されています。保育室でBGMとして何回もかけることにより、音楽が体に入り、あそびへの導入がスムーズに行えます。「今月のうた」は他の月に移動してもOKです。

♬本文に出てくる椅子のイラストは、動作がわかりやすいように背もたれをカットしてあります。

楽器の扱い方・保管方法

この本では、楽器あそびとして4種類の簡易楽器を扱っています。
楽器は優しく丁寧に扱うことを子どもたちと約束しましょう。
思いきり鳴らす。急に「ストップ」と言って音を止める。小さい音、大きい音など、音量に気をつけてみんなで鳴らしてみる。あそび感覚でいろいろな鳴らし方をすることで、みんな揃っての楽器演奏へとつなげることができます。

カスタネット

留めてあるゴムが一本線になっている側が上。
ゴムの輪っかに左手の人差し指を入れる。左の手のひらに軽くのせて、右手の中指を中心に3本指でたたく。強い音はグーでたたいてもよい。
トレモロのような音は、左手を軽く振って出す。
⚡：ゴムがゆるくないかチェックを。

鈴

左手に持ち、右手で左手首を打つ。
トレモロは、上から下へ下ろしながら細かく振る。右手に持ち替えてもよい。
大きい音が欲しいときは、両手に鈴を持つとよい。
⚡：鈴が取れやすいので気をつける。
また棒に掛けるようにして保管する。

タンバリン

枠の穴には指を入れない。親指を皮面に出し、うしろを4本指でしっかり押さえる。
鏡を見るように、タンバリンを自分に向けて、軽く5本指を立ててたたく。
トレモロは、上から下へ下ろしながら振る。
右手に持ち替えてもよい。
⚡：皮の張ってあるほうを上にして保管する。
たくさんある場合は縦に立ててしまう。

トライアングル

左手の中指と人差し指2本をひもに通して、親指でしっかり押さえる。回らないようにひもの長さを調節する。打棒で三角形の辺の真ん中をたたく。響きすぎないようにするときは、トライアングルを触って音を止める。
トレモロは、三角形の頂点のところの角を打棒で左右に細かくたたく。
⚡：使用後はさびないように乾いた布で拭き、楽器と打棒とひもをひとつずつ袋に入れて保管する。

0〜3歳児

チューリップ

作詞：近藤宮子　作曲：井上武士

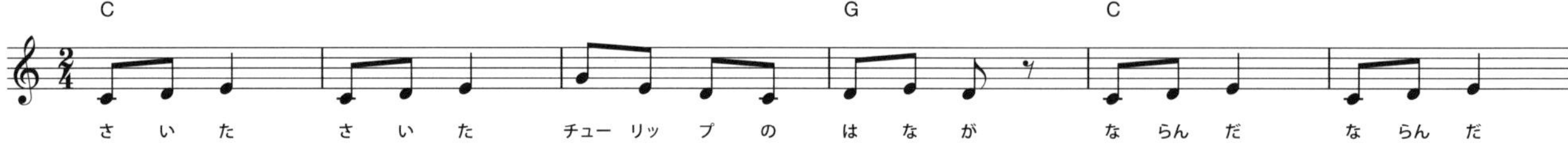

全身であそぼう

2人組でもあそべるよ。

❶さいた　さいた

2回手拍子してから、両手を前に出す。
この動作を2回。

❷チューリップのはなが

右左に2回ゆれる。

❸ならんだ　〜　きいろ

❶❷と同じ。

❹どのはな　〜　きれいだな

その場で歩いてまわる（反対まわりも）。

スキンシップであそぼう

❷で保育者のほっぺに子どもの手をあててもいいね。

準備：保育者の足の上に、向かい合わせになるように子どもをのせ、手をつなぐ。

❶さいた　さいた

子どもの手を2回合わせ、ほっぺに手をあてる。この動作を2回。

❷チューリップのはなが

ほっぺをそっと4回押す。

❸ならんだ　〜　きいろ

❶❷と同じ。

❹どのはな　〜　きれいだな

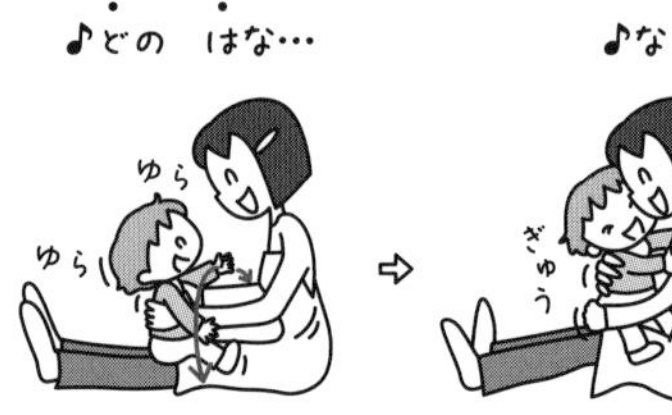

子どもを抱いて右左にゆれて、最後の「な」で抱き寄せる。

ちょうちょ

日本語詞：野村秋足　スペイン民謡

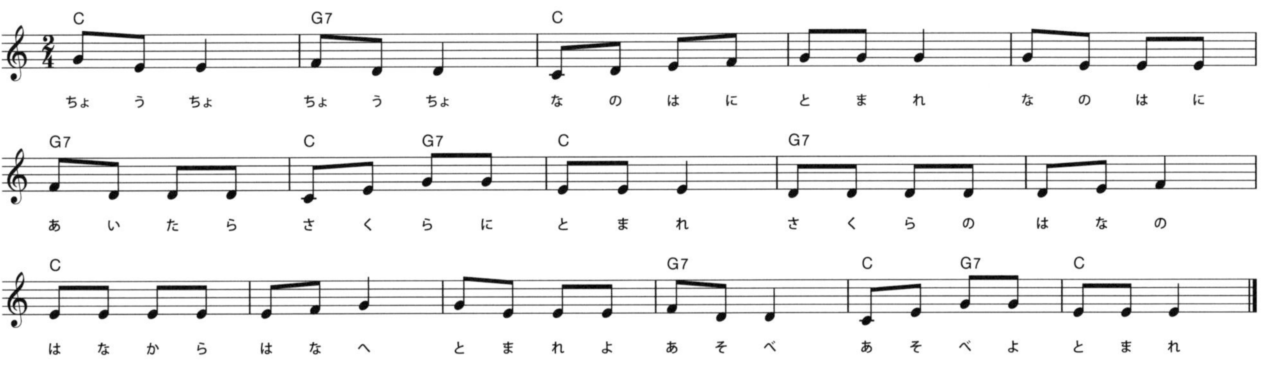
C G7 C C G7 C G7 C G7 C G7 C G7 C
ちょうちょ ちょうちょ なのはにとまれ なのはに
あいたら さくらにとまれ さくらのはなの
はなから はなへ とまれよ あそべ あそべよ とまれ

バレリーナになってあそぼう

音をさせないようにそっと歩いてみよう。

☆ちょうちょのように両手を広げて羽を動かしながら、まずは好きなところを歩きましょう。

準備：つま先立ちをする。

❶ ちょうちょ　ちょうちょ

♪ちょうちょ
♪ちょうちょ

右左の順に、手を横に広げる。

❷ なのはにとまれ

ぐるり
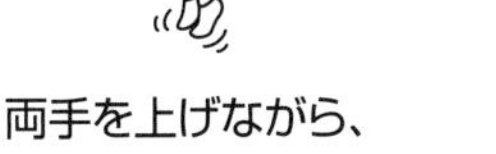

両手を上げながら、
その場でまわる。

❸ なのはに　〜
さくらにとまれ

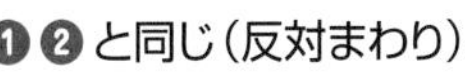

❶❷と同じ（反対まわり）。

❹ さくらの　〜　とまれ

ひら
ひら

♪とまれ
ストップ！

つま先立ちで歩き
「とまれ」はストップ。

スキンシップであそぼう

❷ をくり返して行うと、子どもが力いっぱい
足をけり返すようになるよ。

準備：子どもが仰向けに寝て、子どもの足を保育者がやさしく持つ。

❶ ちょうちょ　〜　さくらにとまれ

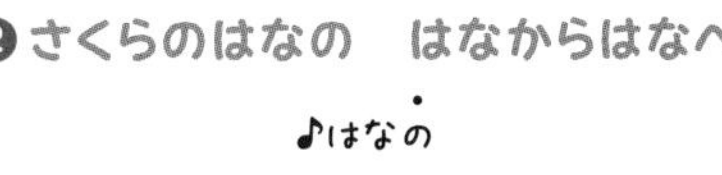

❷ さくらのはなの　はなからはなへ

❸ とまれよ　〜　とまれ

子どもの足を右左交互に曲げ伸ばしする。

♪はなの

両足の裏をそっと押してひざを曲げ
「はなの」「はなへ」で手を離す。

コチョ
コチョ

❶ の後、最後に足の裏をくすぐる。

2~5歳児

おはながわらった

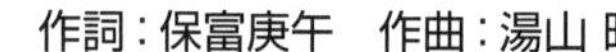

作詞：保富庚午　作曲：湯山 昭

手でお花をつくろう

親指と小指は、つけたままにするとお花が開くよ。

準備：お花の形を手でつくる。

❶ おはながわらった　～　おはながわらった

音楽に合わせて右左にゆれる。

❷ みんな　～　いちどにわらった

両手を前から円を描くように広げて、
顔の横でストップする。この動作を2回。

全身であそぼう

みんなで足をくっつけると起き上がりやすいよ。

準備：4人組で円になり、足を伸ばしてすわる。

❶ おはながわらった　～　おはながわらった

「おはながわらった」でひとりずつ順番に仰向けになり、全員が仰向けになったら手をつなぐ。

❷ みんなわらった　いちどに

友だちとひっぱりっこしながら
全員で起き上がる。

❸ わらった

全員でゆっくりと仰向けになる。

☆人数を増やして、両手を上げながら ❸ をすると大きな花ができます。

1〜3歳児

むすんでひらいて

作詞：不詳　作曲：ルソー

基本のあそび方

歌詞を変えて、体のいろいろなところをタッチしよう。

❶むすんで　〜　てをうって

両手をグーパーでリズムをとった後、4回手拍子する。
この動作を2回。

❷そのてをうえに

手を上で広げる。

❸むすんで　〜　むすんで

❶を1回した後、
グーでリズムをとる。

数回くり返し❷の動作を下記のように変化させる。

＜2回目＞したに
手を床につける。

＜3回目＞あたまに
手を頭につける。

＜4回目＞ひざに
手をひざにつける。

○○のまねっこしてあそぼう

いろいろなものになって動きまわろう！
他に何のまねができるかな？

☆「基本のあそび方」の❷以降の歌詞を替えてあそびましょう。

＜自動車ver.＞

♪そのてを　まえに
じどうしゃ　ブーブー　じどうしゃ　ブーブー
じどうしゃ　ブーブー　はしります

車を運転するように
ハンドル動かすまね
をする。

＜飛行機ver.＞

♪そのてを　よこに
ひこうき　ブンブン　ひこうき　ブンブン
ひこうき　ブンブン　とんでます

手を横に広げて飛行
機になり、右左にゆれ
たり走ったりする。

2〜5歳児

ことりのうた

作詞：与田準一　作曲：芥川也寸志

❸❹は体の好きなところをたたいてあそぼう！

❶ことりはとっても　〜　うたでよぶ

両手を広げて羽ばたかせながら、その場で歩いてまわる。

❷ピピピピピ

5回手拍子する。

❸チチチチチ

5回ももをたたく。

❹ピチクリピイ

2回ももをたたいてから「ピイ」で手拍子する。

<❶の難しいver.>

腰に手をあてて、4呼間で右足を2回右斜め前に出してからもどす。次に左足で。この動作を2回。

2人組であそぼう

❶は腕を組んでスキップでもOK!

準備：2人組で向かい合い、手をつなぐ。

❶ことりは　～　うたでよぶ

その場で歩いてまわる（反対まわりも）。

❷ピピピピピ　チチチチチ

「ピピピピピ」で5回右手合わせ。次に左手で。

❸ピチクリピイ

2回手拍子してから「ピイ」で両手合わせ。

指であそぼう

指の数も増やして楽しもう。

準備：両手の人差し指を出す。

❶ことりは　～　うたでよぶ

8呼間ずつで、右手を8回まわし、次に左手で。

❷ピピピピピ　チチチチチ

右の人差し指を曲げ伸ばしして、最後の「ピ」で曲げてストップ。次に左手で。

❸ピチクリピイ

両手の人差し指を曲げ伸ばしして「ピイ」で立てる。

絵をかいてあそぼう

前半はゆったりとリズムをとり、❸「かあさん」からは軽くリズムをとりながら描こう。

❶♪ことりはとっ　ても

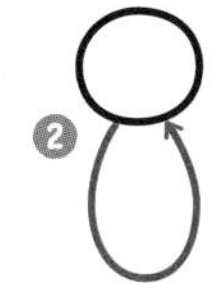

❷♪うたがすき

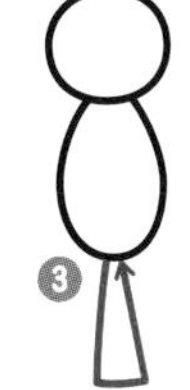

❸♪かあ　さん　よぶのも

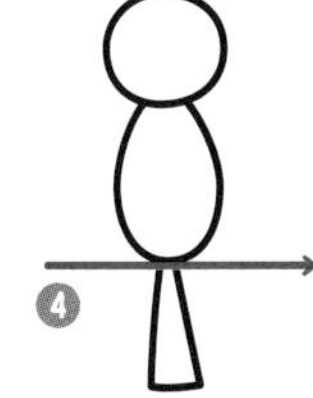

❹♪うたで

❺♪よぶ

❻♪ピピ　ピピ　ピ

❼♪チチチチチ

❽♪ピチ　クリ

❾♪ピイ

2～5歳児

かわいいかくれんぼ

作詞：サトウハチロー　作曲：中田喜直

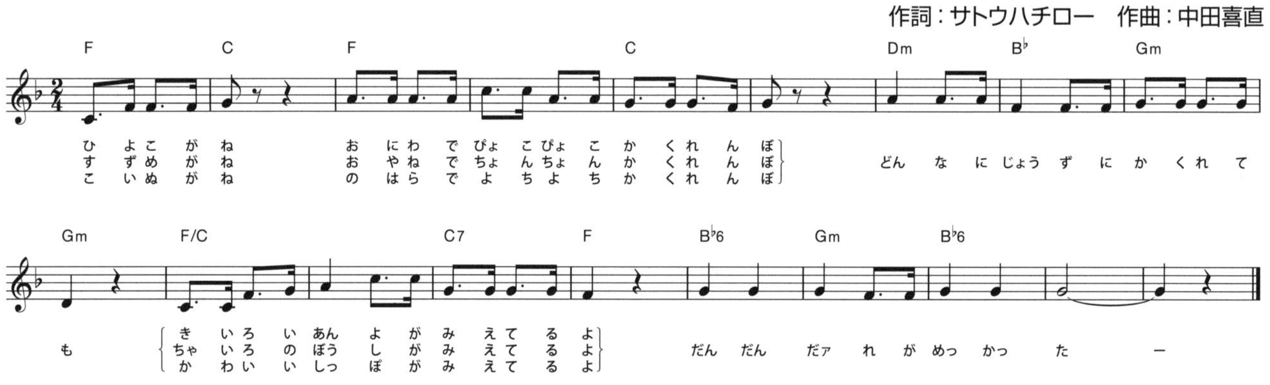

指であそぼう

出しやすい指からはじめて、毎回違う指でやってみよう。

準備：両手を体の後ろに隠す。

「1・2・3・はい」の掛け声の「はい」で親指を前に出す。

❶ ひよこがね　～　かくれん

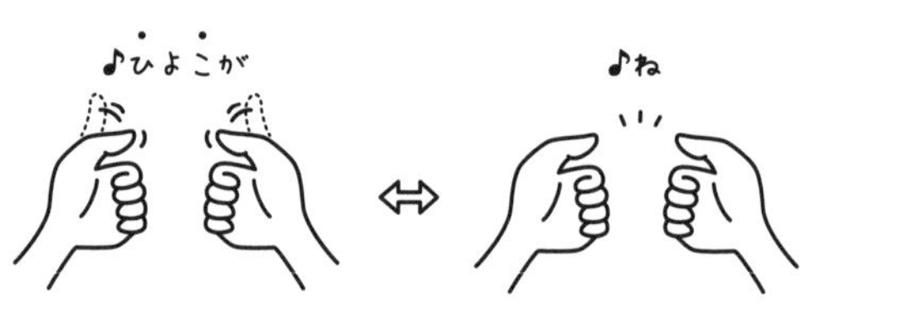

リズムに合わせて、親指を曲げたり伸ばしたりする。ただし「ね」はストップ。

❷ ぼ　どんなにじょうずに かくれて

♪ぼ

「ぼ」で親指を隠してストップ。

❸ も

親指を出す。

❹ きいろいあんよが　みえてるよ

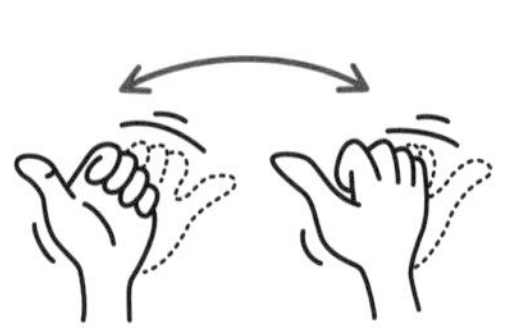

手首を返しながら、右左に動かす。

❺ だんだんだァれが　めっかった

リズムに合わせて、親指をそっと合わせる。

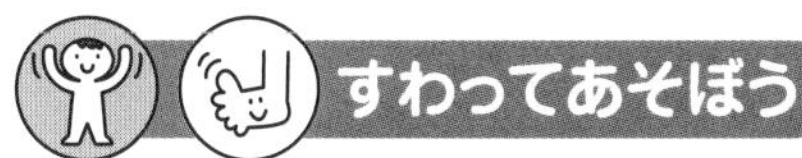

すわってあそぼう

❸❹で倒れそうになったら、両手をついてがんばって！

準備：床にすわり、手でくちばしをつくる。

❶ひよこがね　〜　かくれんぼ

おしりで移動しながら好きなところへ行く。

❷どんなにじょうずに　かくれても

手で頭を隠して小さくなりストップ。

❸きいろいあんよが　みえてるよ

両足を上げる。

❹だんだんだァれが　めっかった

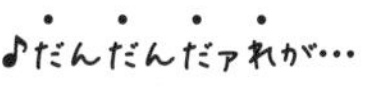

床につけないで、両足をそっと8回合わせる。

ひよこになってかくれんぼしよう

2番以降は、すずめや犬の動作でかくれんぼしよう！

❶ひよこがね　〜　みえてるよ

ひよこになっておしりで移動しながら、好きなところに隠れる。

❷だんだんだァれが　めっかった

「だァれが」の歌詞のところは、子どもの名前を入れて見つける。数回くり返す。

絵をかいてあそぼう

○を描くときは、歌詞全部を使ってゆったりと描こう。

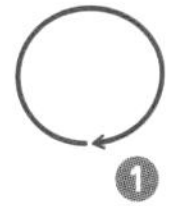

❶♪ひよこがね

❷♪おに　わで　ぴょこ　ぴょこ

❸♪かくれんぼ

❹♪どんなにじょうずに

❺♪かく　れて　も

❻♪きいろいあんよが

❼♪みえてるよ

❽♪だん　だん　だァ　れが

❾♪めっ　かっ　た

0〜5歳児

おんまはみんな

日本語詞：中山知子　アメリカ民謡

E♭ B♭ E♭
おん ま は みん な ぱっ ぱ か は し る ぱっ ぱ か は し る ぱっ ぱ か は し る おん ま は みん な ぱっ ぱ か は し る
こぶ た の しっ ぽ ちょん ぼ り ちょ ろ り ちょん ぼ り ちょ ろ り ちょん ぼ り ちょ ろ り こぶ た の しっ ぽ ちょん ぼ り ちょ ろ り

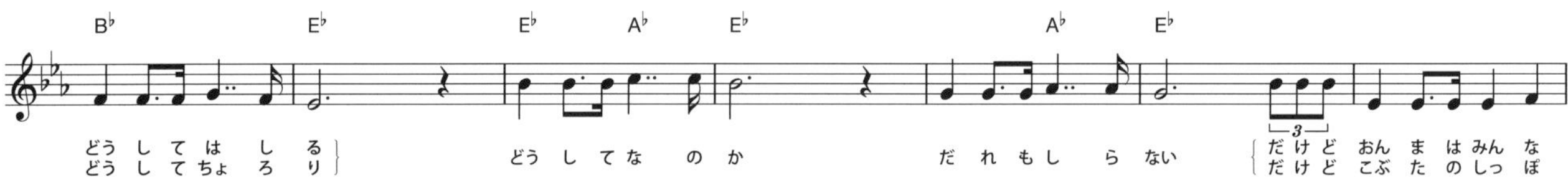
B♭ E♭ E♭ A♭ E♭ A♭ E♭
どう し て は し る
どう し て ちょ ろ り
どう し て な の か
だ れ も し ら ない
だ け ど おん ま は みん な
だ け ど こぶ た の しっ ぽ

E♭ B♭ E♭ Fm B♭7 E♭
ぱっ ぱ か は し る ぱっ ぱ か は し る ぱっ ぱ か は し る おん ま は みん な ぱっ ぱ か は し る
ちょん ぼ り ちょ ろ り ちょん ぼ り ちょ ろ り ちょん ぼ り ちょ ろ り こぶ た の しっ ぽ ちょん ぼ り ちょ ろ り
お も し ろ い ね

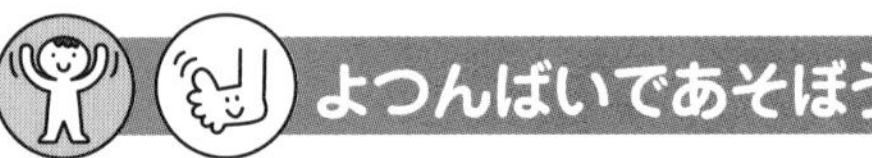

よつんばいであそぼう

腹筋も使ってハイハイしよう。

準備：両手両足をつく。

＜1番　高ばい＞

❶おんまはみんな　〜
どうしてはしる

好きなところを高ばいする。

❷どうしてなのか
だれもしらない

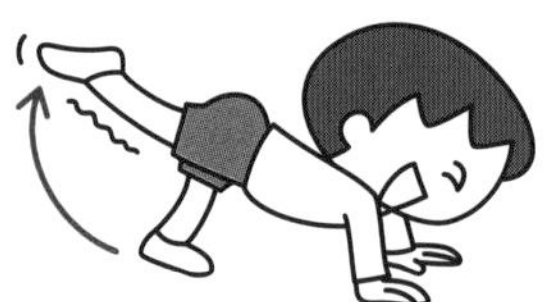

8呼間ずつ、右左の順に足を後ろに伸ばす。

❸だけど

ぴょん！

両足を揃えて後ろに跳ねる。

❹おんまは　〜
おもしろいね

❶と同じ。

＜2番　ハイハイ＞

❺こぶたのしっぽ　〜
どうしてちょろり

ひざをつき、好きなところをハイハイする。

❻どうしてなのか
だれもしらない

ひざをついて、❷と同じ。

❼だけど

トン！

足を1回合わせる。

❽こぶたの　〜
おもしろいね

❺と同じ。

寝転がってあそぼう

❶の上下は速くしたりゆっくりしたりしよう。

準備：仰向けに寝転ぶ。

❶おんまはみんな ～ どうしてはしる

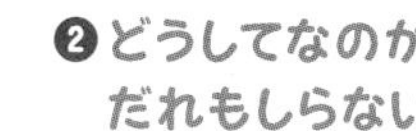

両手両足を交互に上下する。

❷どうしてなのか だれもしらない

好きな方に転がる。

❸だけど

仰向けでストップ。

❹おんまは ～ おもしろいね

❶と同じ。

スキンシップであそぼう

下にマットや布団など柔らかいものを敷いてしよう。

準備：保育者の足の上に、向かい合わせるように子どもをのせる。

❶おんまはみんな ～ どうしてはしる

リズムに合わせひざを曲げて、子どもを弾ませる。

❷どうしてなのか ～ だけど

子どもを抱き寄せ、上半身で大きな円を描く。

❸おんまはみんな ～ おもしろいね

❶の動作の後、最後の「ね」で子どもを足の間に落とす。

絵をかいてあそぼう

1番だけで2頭描けるよ！

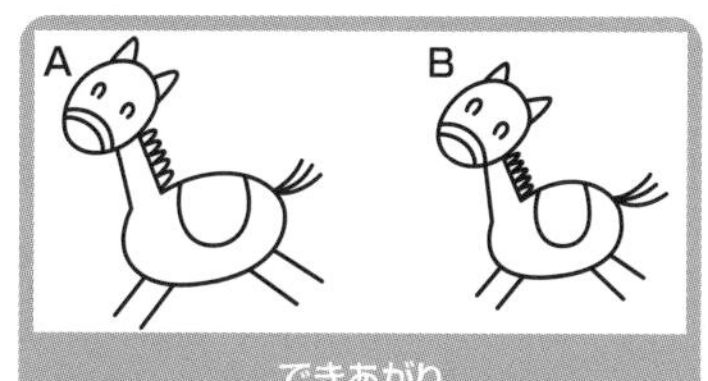

できあがり

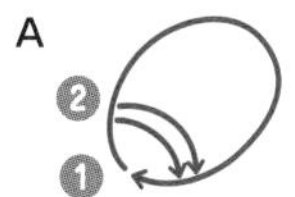

❶♪おんまはみん な ❸♪ぱっ ぱか はし る ❺♪おんまはみん な ❼♪どう して はーし ❾♪どうして なの ❿♪かー
❷ ぱっぱか はしる ❹ ぱっ ぱか はし る ❻ ぱっ ぱか はし る ❽ るー 𝄽

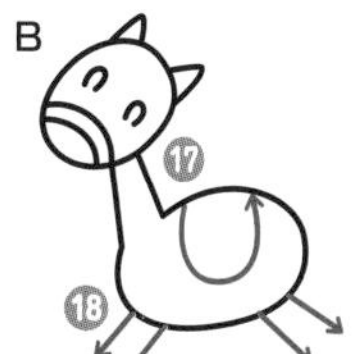

⓫♪だ れも しら ⓬♪ないー ⓭♪（だけど）おんまはみん な ⓯♪パッパカはし る ⓱♪おんまはみん な ⓳♪おもしろ い
⓮ ぱっ ぱか はし る ⓰ ぱっ ぱか はし る ⓲ ぱっ ぱか はし る ⓴ ね ー 𝄽

2〜5歳児

あくしゅでこんにちは

作詞：まど・みちお　作曲：渡辺 茂

握手であそぼう

はじめは1番を何度もくり返して、たくさんの友だちと握手をしよう。

❶てくてく　てくてく　あるいてきて

好きなところを歩き、握手する相手を見つける。

❷あくしゅで　こんにちは

♪あくしゅで　こんにちは

右手で握手してから、4回上下する。

❸ごきげんいかが

♪ごきげんいか

♪が

おじぎをしてから「が」で手を振る。

❹もにゃもにゃ　〜
おはなしして

♪もにゃもにゃ…

歌詞に合わせ、口の前で両手を開いたり閉じたりする。

❺あくしゅで　〜
あした

❷❸と同じ。

2人組で歩こう

ペアを変えて、くり返しあそんでもいいね。

準備：2人組で横に並び、手をつなぐ。

❶てくてく　てくてく　あるいてきて

2人組で手をつないで歩き、他の2人組を見つける。

❷あくしゅで　こんにちは

4人で手をつなぎ、4回上下する。

❸ごきげんいかが

おじぎをしてから「が」で手を振る。

いろいろな歩き方であそぼう

テンポを速くしたり遅くしたりしてあそぼう！

☆「てくてく　てくてく」の部分で、いろいろな歩き方をしてみましょう。

<例>

♪ぴょんぴょん　ぴょんぴょん

弾むように軽やかに歩く。またはスキップする。

♪どすどす　どすどす

力強く音を立てるように歩く。

♪かちこち　かちこち

体を硬くしてロボットのように歩く。

♪ばぶばぶ　ばぶばぶ

ハイハイする。

0〜5歳児

おもちゃのチャチャチャ

作詞：野坂昭如　補作詞：吉岡 治　作曲：越部信義

C6 G7 F6 Em Am G7
そらにきらきら おほしさま(チャチャチャ)みんなすやすや ねむるころ おもちゃははこを とびだして (チャチャチャ)おどるおもちゃの
なまりのへいたい トテチテタ(チャチャチャ)ラッパならして こんばんは フランスにんぎょう すてきでしょ (チャチャチャ)はなのドレスで
きょうはおもちゃの おまつりだ(チャチャチャ)みんなたのしく うたいましょ こひつじメエメエ こねこはニャー (チャチャチャ)こぶたブースカ
そらにさよなら おほしさま(チャチャチャ)まどにおひさま こんにちは おもちゃはかえる おもちゃばこ (チャチャチャ)そしてねむるよ

「チャ」「ちゃ」の言葉であそぼう

はじめは「チャチャチャ」のところだけでOK!

☆「チャチャチャ」や「(おも) ちゃ」の歌詞のところで動作をしながら、元気に歌いましょう。

足踏み

ジャンプ。

上下
「ちゃ」はしゃがむ。「チャチャチャ」は、立ったりしゃがんだりする。

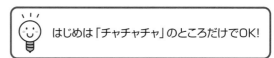

楽器であそぼう

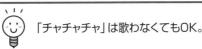

「チャチャチャ」は歌わなくてもOK。

☆「チャチャチャ」「ちゃ」の歌詞のところだけ、カスタネットを鳴らします。

＜発表会ver.＞

1番：	歌のみ。
2番：	歌とカスタネット。
3番：	歌と足踏み。
4番：	小さい音で、歌とカスタネット。
最後のくりかえし：	元気よく、歌とカスタネットと足踏み。

2人組であそぼう

向かい合って手合わせして、❷❸はしゃがんで寝るだけでもいいよ。

準備：2人組で背中合わせになる。

❶ おもちゃの　～　チャチャチャ

腕でリズムをとり「チャチャチャ」の歌詞のところで後ろを振り返って「チャ」の数だけ手合わせ。

❷ そらにきらきら　おほしさま

背中合わせのまま、腕を組む。

❸ みんなすやすや　～　とびだして

4呼間ずつ交互に背中に乗る感じでシーソーをする。この動作を2回。

❹ おどるおもちゃの　～　チャチャチャ

腕を離して❶と同じ。

スキンシップであそぼう

「チャチャチャ」のところで急に顔を近づけてもいいね。

準備：子どもを床に寝かせる。または保育者の足の上に子どもを寝かせる。

❶ おもちゃの　～　チャチャチャ

「チャチャチャ」の歌詞のところでくすぐる。

❷ そらに　～　ねむるころ

両手の人差し指で交互に、子どもの体をツンツンする。

❸ おもちゃは　～　おもちゃの

体に大きな丸を描く。この動作を3回。

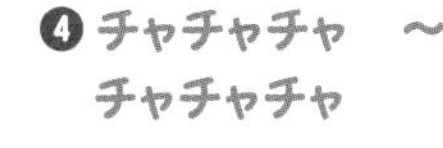

❹ チャチャチャ　～　チャチャチャ

❶と同じ。

2〜5歳児

こいのぼり

作詞：近藤宮子　作曲：不詳

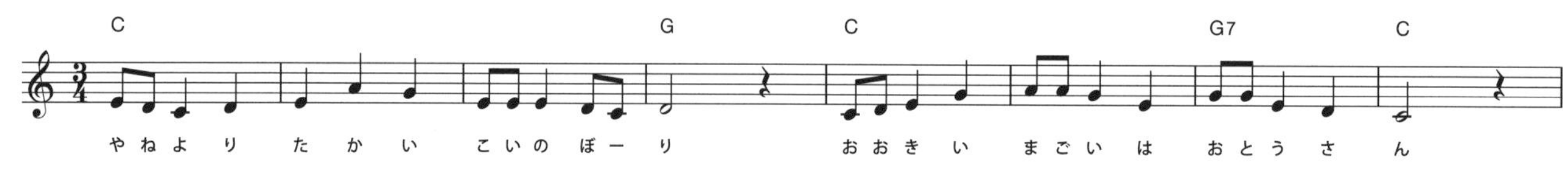

まわってあそぼう

1曲全部を❶〜❹の中のひとつのまわり方だけであそんでもOK!

❶ やねよりたかい　こいのぼり

♪やねより　♪たかい　　♪こいのぼり

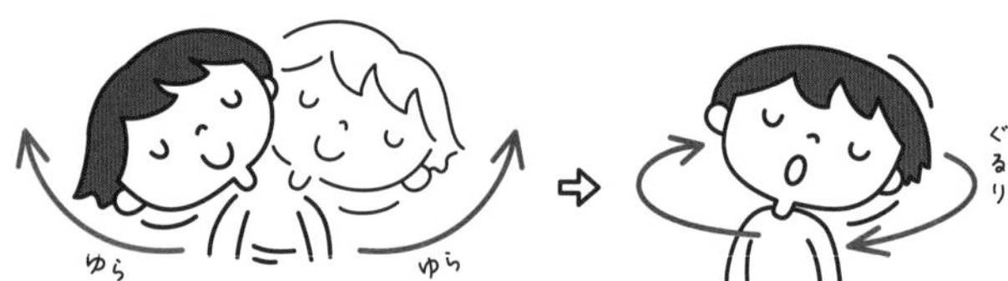

首を右左に振ってからまわす。

❷ おおきいまごいは　おとうさん

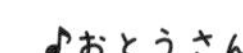

両手を前に出して、右左に振ってからまわす。

❸ ちいさいひごいは　こどもたち

♪ちいさい　♪ひごいは　　♪こどもたち

人差し指を前に出して、右左に振ってからまわす。

❹ おもしろそうに　およいでる

♪おもしろ　♪そうに　　♪およいでる

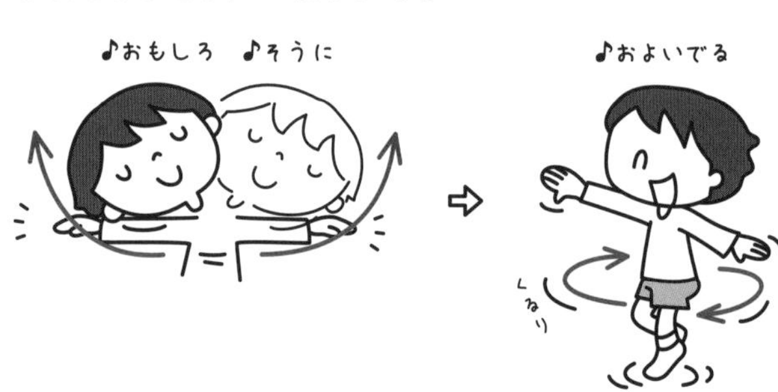

手を広げて、首を右左に振ってからその場でまわる。

寝転がってあそぼう

❶は勢いをつけて、起き上がりこぼしのようにあそぼう。

準備:ひざの後ろで両手を組む。

❶やねよりたかい　こいのぼり

寝てから起き上がる。この動作を2回。

❷おおきいまごいは　おとうさん

寝てから、足を90度の高さにしてストップ。

❸ちいさいひごいは　こどもたち

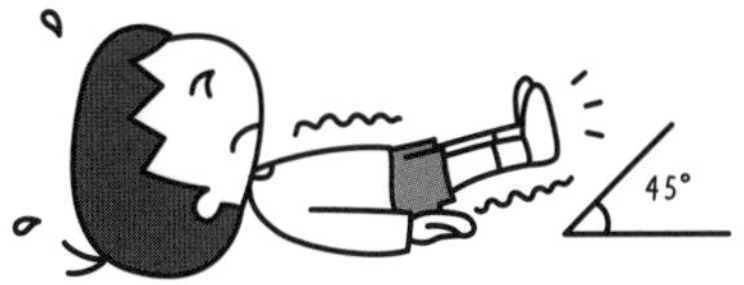

45度ぐらいの高さでストップ。

❹おもしろそうに

ひざを曲げて、足を交互に上下させる。

❺およいでる

両手両足を動かして泳ぐまねをする。

絵をかいてあそぼう

三拍子のリズム、1･2･3の3拍をうまく使って3画で描こう！

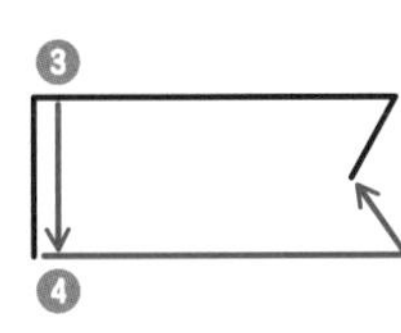
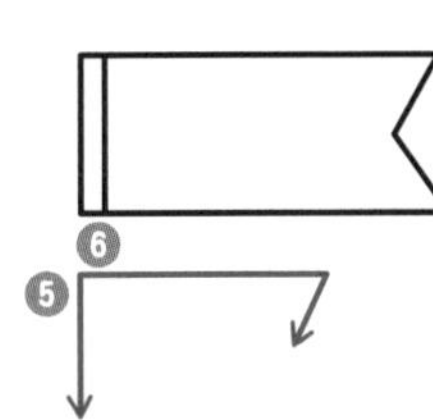
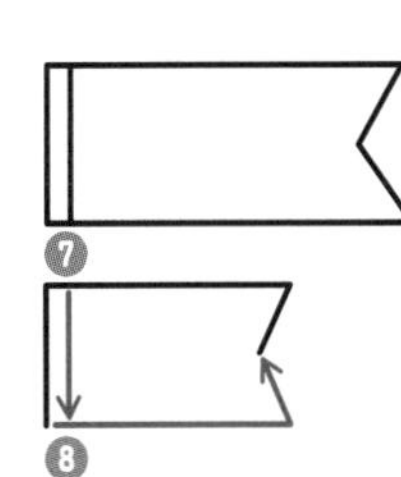
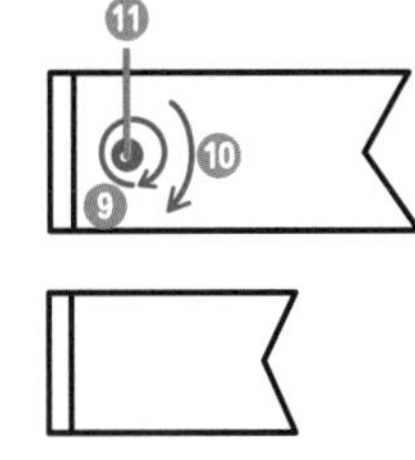

❶♪やね　❷より　❸♪た　❹かい　❺♪こい　❻のぼー　❼♪り　❽ー　❾♪おおき　❿い　⓫まごいは

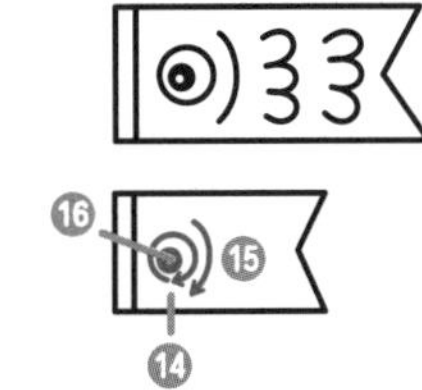

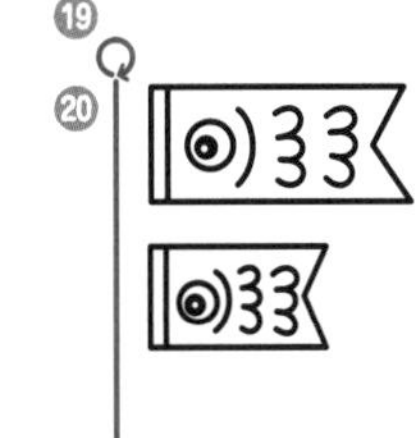
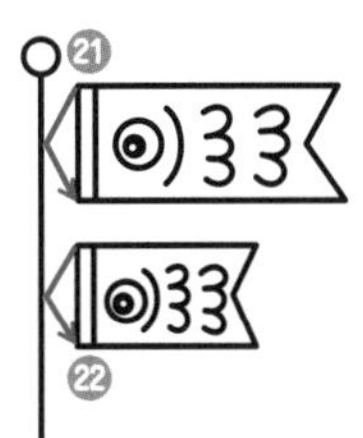

⓬♪おとうさ　⓭んーー　⓮♪ちいさ　⓯い　⓰ひごいは　⓱♪こどもたー　⓲ちーー　⓳♪おもしろ　⓴そうに　㉑♪およいで　㉒るー

2～5歳児

おつかいありさん

作詞：関根栄一　作曲：團 伊玖磨

指であそぼう

人差し指ができるようになったら、他の指でもチャレンジしてみよう。

準備：両手の人差し指を出す。

❶ あんまりいそいで　こっつんこ

両手の人差し指を、リズムに合わせて曲げ伸ばししながら近づけて、最後の「こ」で合わせる。

❷ ありさんと　～
こっつんこ

❶と同じ。

❸ あっちいってちょんちょん
こっちきてちょん

❶と同じで「ちょん」で指を合わせる。

2人組であそぼう

離れて立ち、両方から歩いてきてご挨拶をしてから「こっつんこ」をしてもいいね。

準備：向き合ってすわり、両手の人差し指を出す。

❶ あんまりいそいで

おじぎする。

❷ こっつんこ

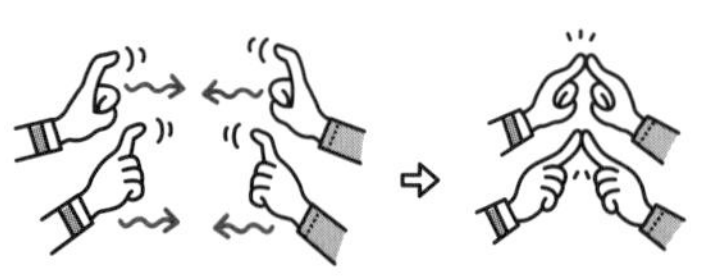

指を曲げ伸ばししながら近づけ、最後の「こ」で合わせる。

❸ ありさんとありさんと
こっつんこ

❶❷と同じ。

❹ あっちいってちょんちょん
こっちきてちょん

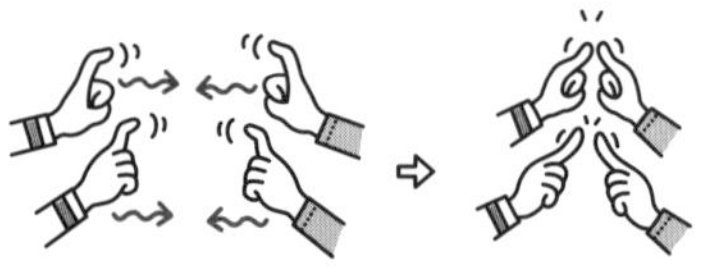

❷と同じで「ちょん」で指を合わせる。

グループであそぼう

両隣との指合わせはそっと！　はじめは手合わせでもOK!

準備：手をつないで円になる。

❶ あんまりいそいで　こっつん

円の中心に向かって歩いて入る。

❷ こ

両隣の人と指合わせする。

❸ ありさんと　～　こっつんこ

手をつないでもどり、❷と同じ。

❹ あっちいってちょんちょん こっちきてちょん

❶～❸と同じで、
「ちょん」で指合わせ。

絵をかいてあそぼう

❹と❺は体が斜めになるようにバランスをとり、おしりは少し大きめに！

❶ ♪あんまりいそいで

❷ ♪こっ　つん　❸ こ　𝄽

❹ ♪ありさんと　❺ ありさんと

❻ ♪こっ　つん　❼ こ　𝄽

❽ ♪あっち　いって　ちょん　ちょん

❾ ♪こっち　きて　❿ ちょん

2〜5歳児

あひるの行列

作詞：小林純一　作曲：中田喜直

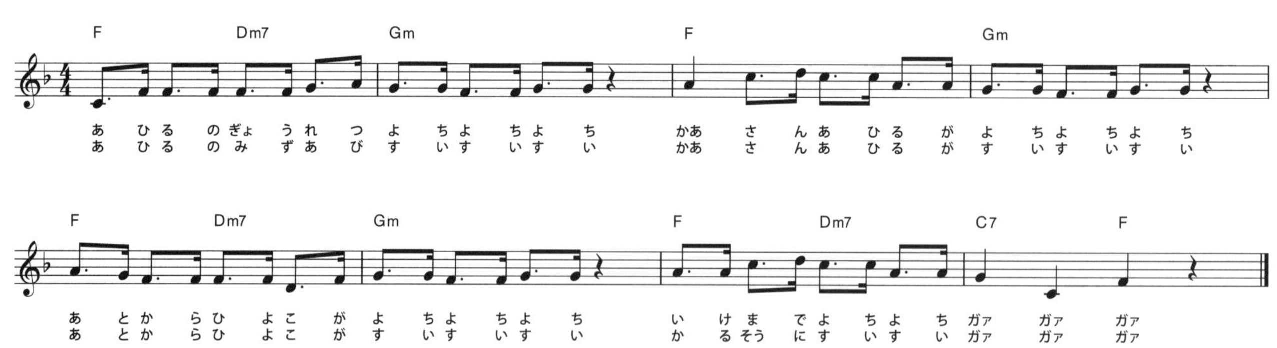

あひるのおしりで歩こう

しゃがんだ姿勢ですると運動量がアップするよ。

準備：両脇に手をつける。

❶ あひるのぎょうれつ

好きなところを歩く。

❷ よちよちよち

おしりを右左に振る。

❸ かあさん
〜　いけまでよちよち

❶❷と同じ。

❹ ガァガァガァ

その場で3回ジャンプする。

行列になってあそぼう

つながるときは、友だちの腰につかまろう。
クラス全員の行列ができるかな？

☆基本は「あひるのおしりで歩こう」❶〜❸と同じ動作をし、最後に相手を見つけます。

❹ ガァガァガァ

出会った人と3回手合わせ。

じゃんけんして勝った人が先頭になる。

くり返して、どんどん列の
人数を増やしていく。

腹筋運動であそぼう

難しい動作に挑戦！　両手をついて仰向けになり、
ひざを曲げてお腹を持ち上げて歩くだけでもいいよ。

準備：両手両足をつき、おしりを持ち上げる。

❶ あひるのぎょうれつ

好きなところを歩く。

❷ よちよちよち

おしりを右左に振る。

❸ かあさん　～　いけまでよちよち

❶❷と同じ。

❹ ガァガァガァ

つま先で小さく3回ジャンプする。

絵をかいてあそぼう

1番でおかあさんあひるとこどもあひる3羽が描けるよ。

❶ ♪あひるの　❷ ぎょうれつ　❸ よちよち　❹ よち

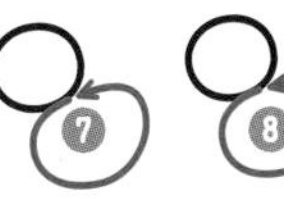

❺ ♪かあさん　❻ あひるが　❼ よちよち　❽ よち

❾ ♪あとから　❿ ひよこが　⓫ よち　⓬ よち　⓭ よち

⓮ ♪いけ　⓯ まで　⓰ よち　⓱ よち

⓲ ♪ガァ　ガァ　ガァ

1〜4歳児

ぶんぶんぶん

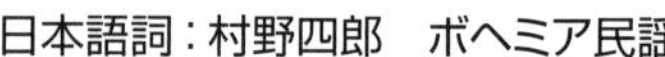
日本語詞：村野四郎　ボヘミア民謡

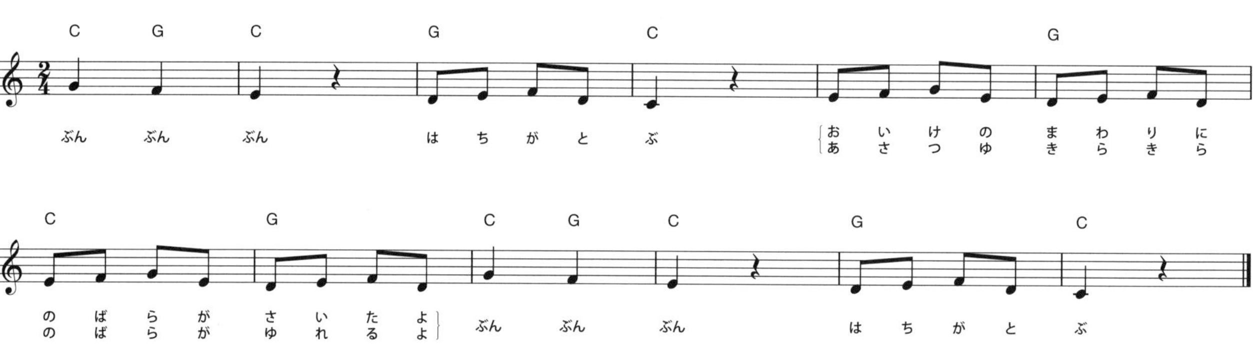

まわしてあそぼう

他にまわしてあそべるところはどこかな？

<首ver.>

❶ぶんぶんぶん

首を右左右に振る。

❷はちがとぶ

首をまわす。

❸おいけの　〜　さいたよ

素早く首を右左に振る。

❹ぶんぶんぶん
はちがとぶ

❶❷と同じ。

<腰ver.>

❶ぶんぶんぶん

腰を右左右につきだす。

❷はちがとぶ

腰をまわす。

❸おいけの　〜　さいたよ

おしりを速く振る。

❹ぶんぶんぶん
はちがとぶ

❶❷と同じ。

<腕と肩ver.>

❶ぶんぶんぶん

両腕と両肩を上下させる。

❷はちがとぶ

腕を肩からまわす。

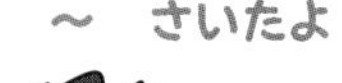

❸おいけの　〜　さいたよ

腕と肩を交互に速く上下させる。

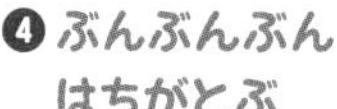

❹ぶんぶんぶん
はちがとぶ

❶❷と同じ。

<ジャンプver.>

❶ぶんぶんぶん

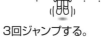

3回ジャンプする。

❷はちがとぶ

その場で1回転する。

❸おいけの　〜　さいたよ

その場でジャンプしてまわる。

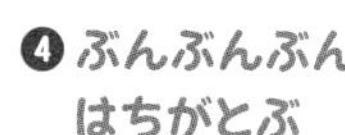

❹ぶんぶんぶん
はちがとぶ

❶❷と同じ。

0〜3歳児

ぞうさん

作詞：まど・みちお　作曲：團 伊玖磨

しこを踏んであそぼう

しこを踏むときに足をできるだけ上げるようにしよう。

❶ ぞうさん　ぞうさん　〜　ながいのね

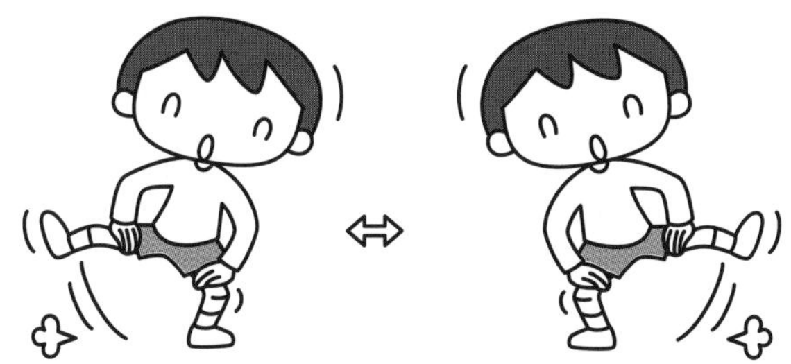

右左交互にしこを踏む。この動作を2回。

❷ そうよ　かあさんも　ながいのよ

しゃがんだ後、手を胸の前で合わせてクネクネさせながら立ち上がり背伸びをする。

スキンシップであそぼう

「ぞうさん」のところに、子どもの名前を入れて歌おう。お昼寝のときの子守歌にしてもいいね。

準備：子どもを抱っこする。または脇の下に手を入れて抱く。

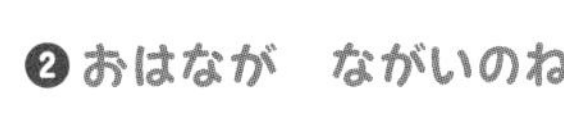

❶ ぞうさん　ぞうさん

右左にゆらす。

❷ おはなが　ながいのね

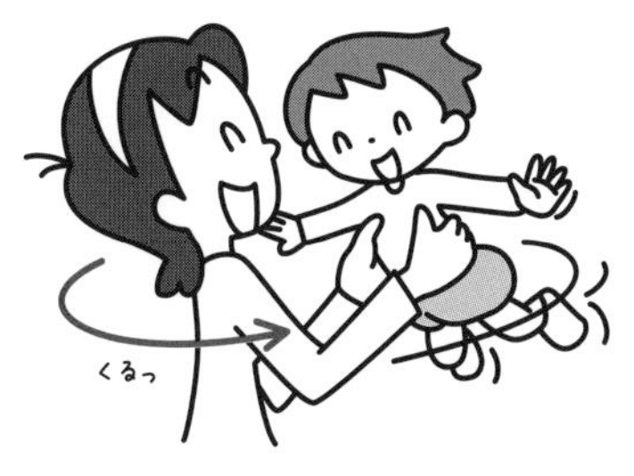

その場でまわる。

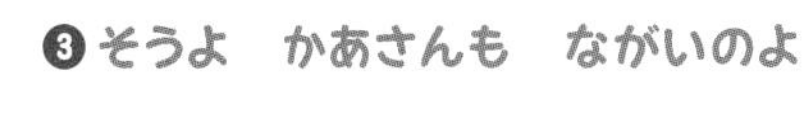

❸ そうよ　かあさんも　ながいのよ

❶❷と同じ（反対まわり）。
最後の「よ」で抱きしめる。

1～5歳児

とんとんとんとんひげじいさん

作詞：不詳　作曲：玉山英光

基本のあそび方

ひげじいさんやこぶじいさんなどの出来をみんなで見せ合おう。

<共通>

とんとんとんとん

両手をグーにして両手を上下交互に4回合わせる。

❶ ひげじいさん

手をあごの下に重ねる。

❷ こぶじいさん

両手をほっぺにつける。

❸ てんぐさん

手を鼻の上に重ねる。

❹ めがねさん

両手を丸くして目につける。

❺ てはうえに

両手を上げる。

❻ キラキラキラキラ　てはおひざ

手をキラキラさせながら下ろし「ざ」で手をひざの上におく。

擬音の言葉であそぼう

「雷・ゴロゴロ」や「おばけ・ドロドロ～」などの歌詞も入るよ。

「基本のあそび方」<共通>の動作は同様に。❶ 以降、動物名と鳴き声を入れる。

❶ ねこがなく　ニャー

ねこのポーズで、ニャーと鳴く。

❷ いぬもなく　ワン

犬のポーズで、ワンと鳴く。

❸ やぎもなく　メー

あごひげをつくり、メーと鳴く。

❹ さるもなく　キャッキャッ

さるのポーズで、キャッキャッと鳴く。

❺ きこえない　シー

片手を耳にあてて、シーと言う。

❻ キラキラキラキラ　ねむった　グーグー

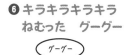

目をつぶり、グーグーと言う。

グーチョキパーでなにつくろう

作詞：不詳　フランス民謡

C
グー チョキ パー で グー チョキ パー で なに つく ろう なに つく ろう
G C G C G C G C
みぎてが パー で ひだりても パー で ちょう ちょ ちょう ちょ
みぎてが チョキ で ひだりても チョキ で かに さん かに さん

この曲のメロディーは「フレール・ジャック」や「Are you sleeping」と同じです。また、あそび方によって歌詞がたくさんあります。

基本のあそび方

チョキがむずかしい年齢は、グーとパーだけであそぼう！

❶ グーチョキパーで　グーチョキパーで

♪グー
♪チョキ
♪パーで

歌詞に合わせて、両手でグー・チョキ・パーを出す。

❷ なにつくろう
なにつくろう

両手をパーのままで右左に振る。

❸ みぎてがパーで
ひだりてもパーで

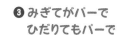

右左の順にパーを出す。

❹ ちょうちょ
ちょうちょ

ひら
ひら

親指をつけてちょうちょをつくる。

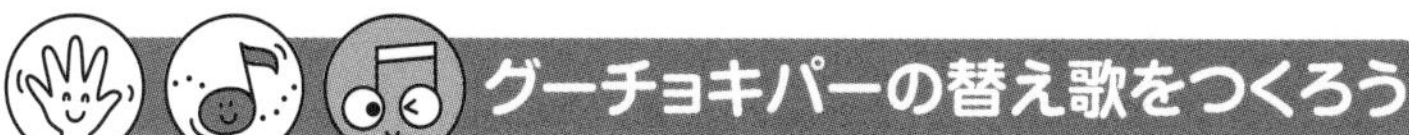

グーチョキパーの替え歌をつくろう

グーチョキパーの組み合わせを考えてオリジナルを発表しよう。

☆グー・チョキ・パーの組み合わせを考えていろいろなものをつくりましょう。

「基本のあそび方」の❶❷と同じ動作。❸以降、グーチョキパーの組み合わせを変化させる。

グーとチョキ
かたつむり
グーとグー
ビヨ〜ン
ピノキオ
チョキとチョキ
キラ
キラ
ダイヤモンド
パーとパー
トランペット
パーとグー
ヘリコプター

3〜5歳児

おお ブレネリ

日本語詞：松田 稔　スイス民謡

グーチョキパーであそぼう

「グーチョキパー」だけでなく「チョキパーグー」「パーグーチョキ」「グーパーチョキ」など、並び方を変化させてあそぼう。

❶（おお）ブレネリ　〜　おうちはどこ

両手をグーにして8回リズムをとる。

❷（わ）たしの　〜　スイッツランドよ

両手をチョキにして8回リズムをとる。

❸（き）れいな　〜　ほとりなのよ

両手をパーにして8回リズムをとる。

❹ヤッホ

「ヤッ」は両手をグー「ホ」はチョキにする。

❺ホトゥラララ

「ホトゥ」は両手をパーに「ラララ」で3回手拍子する。

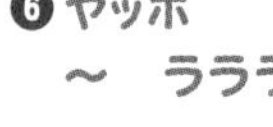

❻ヤッホ　〜　ラララ

❹❺を6回。

❼ヤッホホ

グー・チョキ・パーを出す。

手と足のグーチョキパーであそぼう

チョキのときは、手と足が前後になって楽しいよ！

☆「グーチョキパーであそぼう」の動作に足もつけます。

ピョン！
ピョン！

グー

ピョン！
ピョン！

チョキ

ピョン！
ピョン！

パー

インタビューごっこをしよう

子どもたちのアイデアを取り入れて歌ってあそぼう。

☆子どもたちの名前や夢・好きなものなどをたずねて、参観日や音楽会のときなどに発表しましょう。

＜名前を聞くver.＞

♪保育者　：こんにちは　あなたの　なまえはなに？
　子ども　：わたしのなまえは　○○○○です
　　　　　　わたしのなまえは　○○○○です
　全員　　：ヤッホ　～　ヤッホホ

○○○○に子どもの名前を入れる。
「ヤッホ」からは手拍子しながら歌う。

こんにちは　あなたの
なまえはなに？
わたしのなまえは
○○○○です…

＜夢を聞くver.＞

♪保育者　：こんにちは　あなたの　ゆめーはなに？
　子ども　：わたしのゆめーは　●●●●
　　　　　　わたしのゆめーは　●●●●
　全員　　：ヤッホ　～　ヤッホホ

●●●●に大きくなったらなりたい夢を入れて歌う。
（例：ケーキ屋さん・お花屋さん・サッカー選手・
　消防士さん・ヒーローの名前など）
「ヤッホ」からは手拍子しながら歌う。

こんにちは　あなたの
ゆめーはなに？
わたしのゆめーは
ケーキやさん　…
26

3〜5歳児

山のワルツ

作詞：香山美子　作曲：湯山 昭

E♭ A♭ Fm B♭7 E♭ G♭dim Fm7
すてきなやまのようちえん
はちじになるとリスの
くーじになるとやぎの
じゅうじになるとくまの
Fm7 B♭7 E♭ Gm A♭6 B♭7 E♭
ぼうやがやってきます
ロンリムリム ロンラムラム ロンリムリム ロン

※「ようちえん」の部分を、園に合わせて「ほいくえん」「こどもえん」に替えて歌いましょう。

三拍子を感じよう

❶は1拍目だけをとることで、三拍子をうまくとれるよ。

準備：椅子にすわる。

❶すてきなやまの　〜　やってきます

♪す
♪てきな
パン！

3呼間の1拍目を手拍子してから円を描く。この動作を10回。

❷ロンリムリム　〜　ロンリムリム

♪ロンリムリム
トン！
トン！
トン！

2本指を9回合わせる。

❸ロン

♪ロン
キラ
キラ
パン！

1回手拍子してから、キラキラさせながら円を描く。

楽器であそぼう

「ロンリムリム〜」の歌詞のところは小さい音で奏でよう。

準備：鈴、カスタネット。　鳴らし方：「三拍子を感じよう」と同じリズムのとり方。

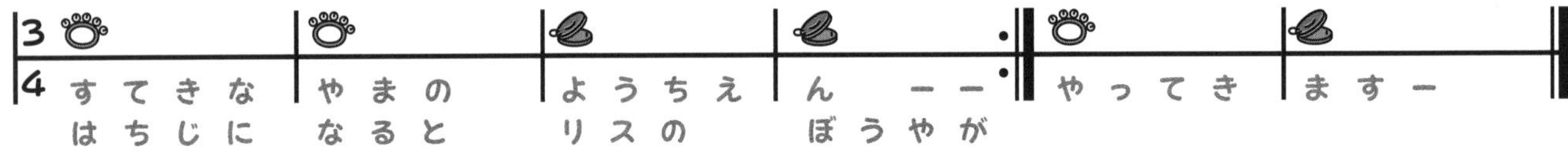
3
4
すてきな やまの ようちえ ん ーー やってき ますー
はちじに なると リスの ぼうやが

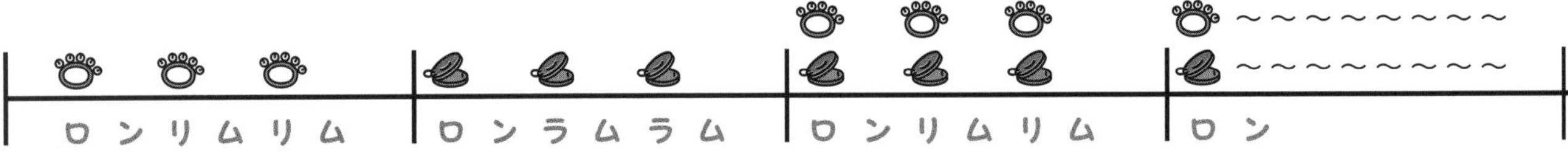
ロンリムリム ロンラムラム ロンリムリム ロン

春夏秋冬以外でもいろいろなものを登場させて劇ごっこにしよう！

「♪○○になると・・・がやってきます」の歌詞に合わせて、

春：ちょうちょ、みつばち　**夏**：かえる、おばけ　**秋**：たぬき、うさぎ　**冬**：きたかぜ、ゆきんこ

がそれぞれ登場し、春夏秋冬の季節を表現しましょう。

＜構成＞
※場面の切り替え時に、それぞれの入退場で「山のワルツ」をBGMとして使用。

春：ちょうちょ、みつばちが入場。
「ちょうちょ」「ぶんぶんぶん」を歌い、
せりふのやりとりをする。
退場。

夏：かえる、おばけが入場。
「かえるの合唱」「おばけなんてないさ」を歌い、
せりふのやりとりをする。
退場。

秋：たぬき、うさぎが入場。
「しょうじょうじのたぬきばやし」「うさぎのダンス」を歌い、
せりふのやりとりをする。
退場。

冬：きたかぜ、ゆきんこが入場。
「北風小僧の寒太郎」と「雪のこぼうず」を歌い、
せりふのやりとりをする。

全員：全員が入場。
「山のワルツ」を春夏秋冬の登場順に、挨拶してから歌う。「♪ロンリムリム～」から全員で歌う。

保育での実践記録より 24時間、山のワルツ

子どもたちと3番まで歌っていたら、素敵なアイデアがいっぱい出てきたことを紹介します。

子ども（以下：子）「11時になってからくる子がいたらどうするの？」
保育者（以下：保）「だれがきたかな？」
子「かめさん。歩くのが遅いから」
保「そうね、11時にかめさんがくると歌おうか」
子「12時にもくるよ」「おねぼうのなまけもの」etc.
そんな風に次から次へとアイデアが飛び出してきてなかなか終えることができません。そこで、
保「じゃあ、1時になったから順番に帰ろうか」
子「1時はりす…2時はやぎ…3時はくま…4時はかめ…5時はなまけもの…」と、それぞれ歌詞を替えて歌い終えたので、
保「これで山のようちえん（ほいくえん・こどもえん）は終わりです。また明日ね」と終えようとしたら、またまた、ある子どもが素敵なことを言いました。
子「6時になってくる子もいるよ」
保「えっ、だあれ?!」
子「あのね、一番星」
保「素敵！　それでは夜のようちえんを始めましょうか？」
そしてみんなで「♪すてきな夜のようちえん（ほいくえん・こどもえん）　6時になると　一番星が　やってきます　キラキラキラ　キラキラキラ　キラキラキラ　キラリン」。
自然とキラキラの言葉が出てきました。そのまま、なんと「7時はあなぐま、8時はもぐら、9時はフクロウ、10時はトラ、11時はピューマ、12時はおばけ」とアイデアが止まりません。結局歌詞の中に動作と鳴き声まで入れて、24時間営業の園となり、みんなで考えた「山のワルツ」の発表会をすることができました。

<参考書籍>PriPri『保育のうたあそび決定版－キラキラ★秋・冬のうた－』「しょうじょうじのたぬきばやし」（P.38）「うさぎのダンス」（P.16）「北風小僧の寒太郎」（P.72）「雪のこぼうず」（P.70）

3〜5歳児

かたつむり

文部省唱歌

グーチョキであそぼう

❹は別々のものが出るまでくり返そう。

☆まずは1人で、グーとチョキでかたつむりをつくってあそびましょう。

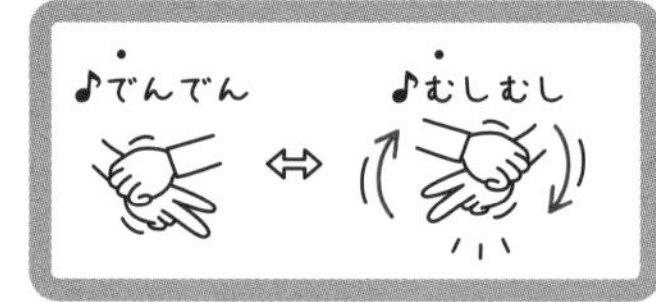

準備：2人組になる。

❶でんでんむしむし かたつむり

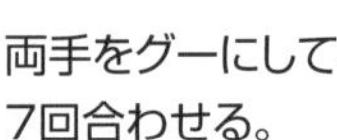

両手をグーにして、7回合わせる。

❷おまえの 〜 どこにある

両手をチョキにして、7回合わせる。

❸つのだせ やりだせ

❶❷の動作を2回ずつ。

❹あたまだせ

かいぐりしてから「せ」でグー・チョキを出す。

2人でかたつむりをつくる。

グーチョキパーであそぼう

慣れてきたら「チョキパーグー」「パーチョキグー」など順番を変えてあそぼう！

準備：3人組になる。　基本は「グーチョキであそぼう」と同じ動作で、パーを加える。

❶でんでん 〜 どこにある

グー2回・チョキ2回・パー3回ずつ合わせる。この動作を2回。

❷つのだせ やりだせ

グー・チョキ・パー1回ずつ合わせる。

❸あたまだせ

かいぐりしてから、「せ」でじゃんけんして違うものを出す。

3人でグー・チョキのかたつむりに、パーの葉っぱを加える。

2〜5歳児

かえるの合唱

日本語詞：岡本敏明　ドイツ民謡

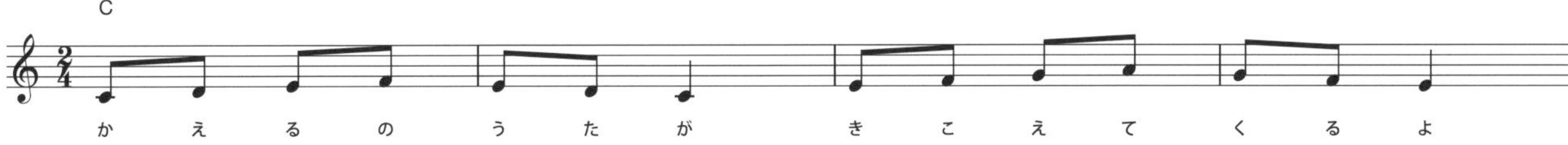

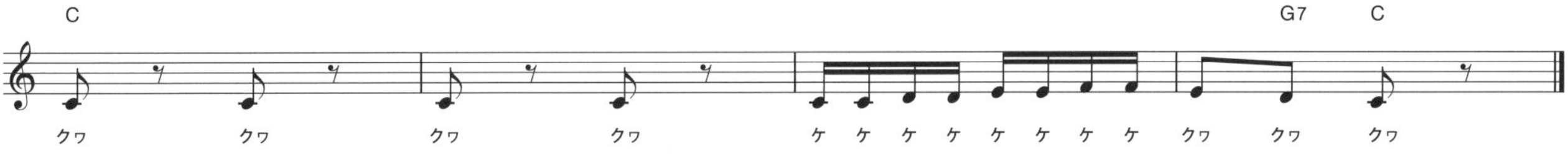

※「ケロケロ・・・」「ゲゲゲ・・・」など地域によって歌詞が異なります。

輪唱で歌おう

歌えるようになったら、下記の「動作で輪唱してあそぼう」の動作も増やしてみよう！

〈1組目〉

〈2組目〉

☆1組目が「かえるのうたが」と歌ったら、
2組目が「かえるのうたが」と歌い始めます。
くり返して歌いましょう。
最初は2組から始めて、うまくできるようになったら
3組、4組と増やしましょう。

動作で輪唱してあそぼう

❸❹はその場で動作をしてもOK!

☆歌の輪唱のように、1組目が①の「かえるのうたが」の動作を終えてから、2組目がスタート。動作も追いかけっこしてあそびましょう。

❶ かえるのうたが

しゃがんで両手をつく。

❷ きこえてくるよ

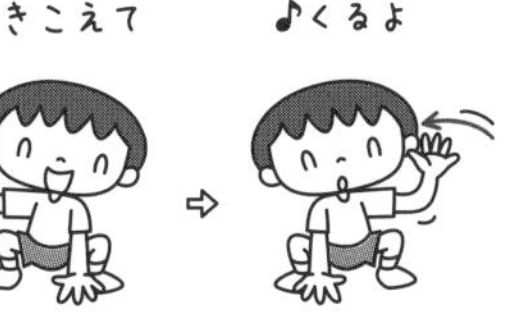

右左の順に、2回ずつ耳につける。

❸ クヮ　クヮ　クヮ　クヮ

ジャンプで4歩進む。

❹ ケケケケケケケケ

両手を横で上下交互に振りながら元の位置にもどる。

❺ クヮ　クヮ　クヮ

お腹を3回たたく。

0〜5歳児

あまだれポッタン

作詞・作曲：一宮道子

C G C
あ ま だ れ ポッ タン ポッ タン タン つ ぎ つ ぎ な ら ん で

C G C G C
ポッ タン タン
ポッ タン コ ロ コ ロ
おた いこ た た い て
ど こ へ い く

全身であそぼう

大きなあまだれはゆっくり、小さなあまだれは速くと、テンポを変えて歌いながら楽しもう。

❶ あまだれ　〜　ならんでポッタンタン

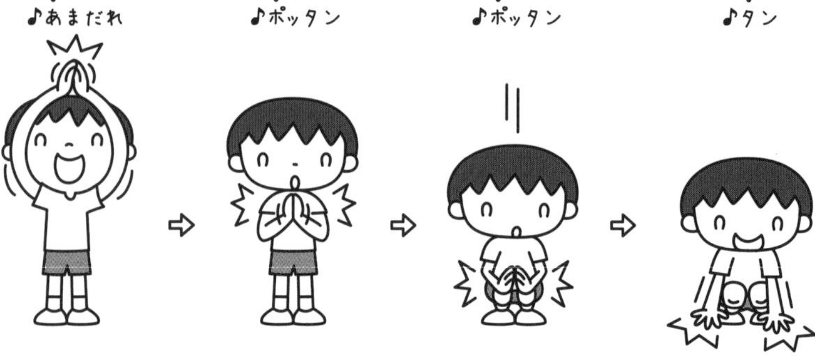
♪あまだれ
♪ポッタン
♪ポッタン
♪タン

頭の上、胸の前、ひざの前でそれぞれ1回ずつ手拍子した後、両手を床につく。
この動作を2回。

❷ ポッタンコロコロどこへいく

ぐる
ぐる

かいぐりしながら、
その場でまわる。

2人組であそぼう

1回手拍子してから手合わせする難しいver.に挑戦してみよう。

準備：2人組で向かい合う。

❶ あまだれ　〜　ならんでポッタンタン

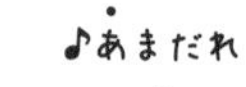
♪あまだれ

♪ポッタン　♪ポッタン　♪タン

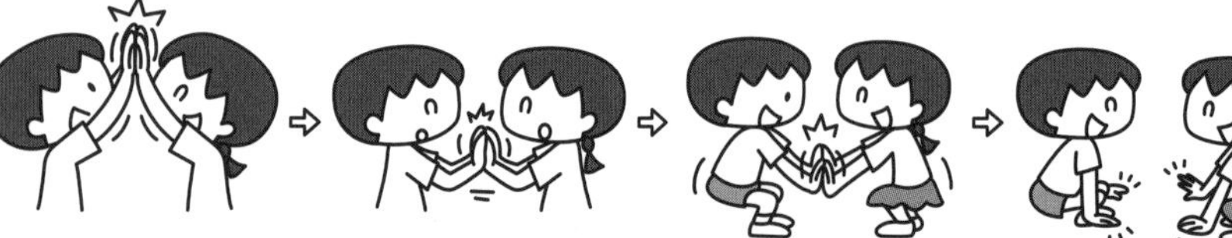

「全身であそぼう」❶と同じ箇所でそれぞれ手合わせして、最後に床をたたく。
この動作を2回。

❷ ポッタンコロコロどこへいく

ぐる
ぐる

♪く

かいぐりしてから「く」で
じゃんけんする。

まねっこしてあそぼう

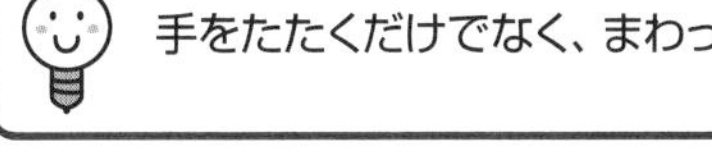

手をたたくだけでなく、まわったりしゃがんだりしてもOK。

準備:2人組で向かい合い、じゃんけんでABを決める。

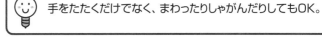

じゃんけんぽん
A 勝ち
B 負け

❶ あまだれ　～　ポッタンタン

♪あまだれ
♪ポッタン
♪ポッタン
♪タン
A

勝った人が好きな4か所(斜め上、斜め下…など)で手をたたく。

❷ つぎつぎ　～　ポッタンタン

♪つぎつぎ
♪ならんで
♪ポッタン
♪タン
B

負けた人が勝った人の動作のまねをする。

❸ ポッタンコロコロどこへいく

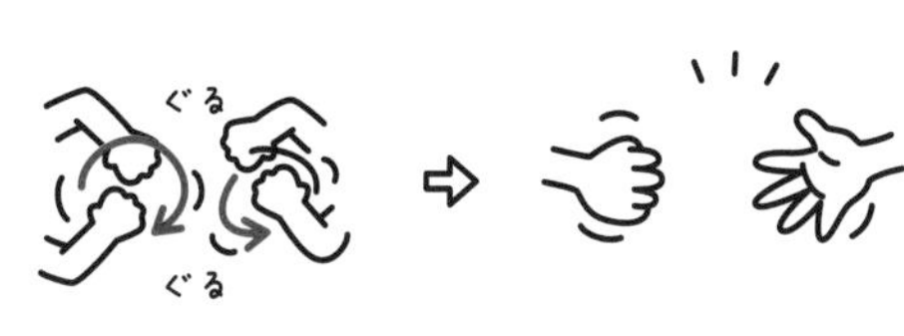

♪く
ぐる
ぐる

かいぐりしてから「く」でじゃんけん。

スキンシップであそぼう①

「どこへい」でストップして「く」のくすぐりをわざと遅らせよう!

準備:子どもを寝かせる。

❶ あまだれ　～　ならんでポッタンタン

♪あまだれ
♪ポッタン
♪ポッタン
♪タン

子どもの頭、肩、お腹、足の裏の順に、
両手でタッチしていく。この動作を2回。

❷ ポッタンコロコロどこへいく

♪ポッタンコロコロ…
♪く
コチョ
コチョ

子どもの足を持って交互にゆらし、
最後の「く」でくすぐる。

スキンシップであそぼう②

歩行が安定してきたらあそんでみよう。

準備:保育者の足の甲の上に子どもを立たせて、手をつなぐ。

❶ あまだれ　～　ポッタンタン

♪あまだれポッタン

前に7歩進む。

❷ つぎつぎ　～　ポッタンタン

♪つぎつぎならんで…

後ろに7歩もどる。

❸ ポッタンコロコロどこへいく

♪ポッタンコロコロ…
♪く

その場でまわり、最後の「く」で高い高いをする。

3〜5歳児

あめふり

作詞：北原白秋　作曲：中山晋平

※原詞は5番までありますが、ここでは2番までを使用しています。

はずんであそぼう

❶の動作はジャンプしながらするとうまくできるよ。

❶あめあめ　ふれふれ　かあさんが

弾んで足を前後に入れ替え「が」で両足を揃えてストップ。

❷じゃのめで　〜　うれしいな

❶と同じ。

❸ピッチピッチ　チャップチャップ

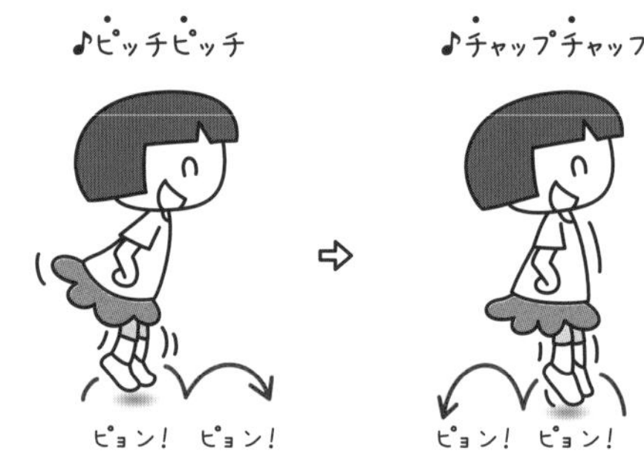

前後2回ずつジャンプする。

❹ランランラン

しゃがんでから、最後の「ラン」で手を上に広げて高くジャンプする。

<2人組ver.>

❶❷あめあめ　〜　うれしいな

2人組で手をつなぎ「はずんであそぼう」❶と同じ動作。

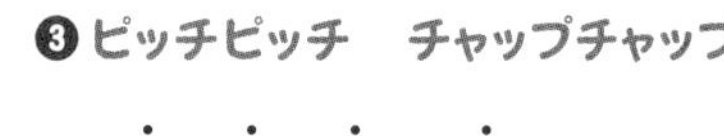

❸ピッチピッチ　チャップチャップ

その場で4回ジャンプする。

円であそぼう

> 💡 ❶❷は右左にギャロップしてもいいね。

準備：円になり、手をつなぐ。

❶ あめあめ　～　かあさんが

円の中心に向かって歩いて6歩入り
「が」で両足を揃えてストップ。

❷ じゃのめで　～　うれしいな

元の位置に6歩でもどり「な」で両足を揃えてストップ。

❸ ピッチピッチ　チャップチャップ

2回手拍子、両隣の人と2回手合わせ。

❹ ランランラン

手をつなぎ、最後の「ラン」で手を上げてジャンプする。

絵をかいてあそぼう

> 対角線を描き、まわりを線で結ぶのは少し難しいけど、ゆっくり歌いながら描こう。❼⓬の「ピッチピッチ」からは好きなところに雨を降らせよう。

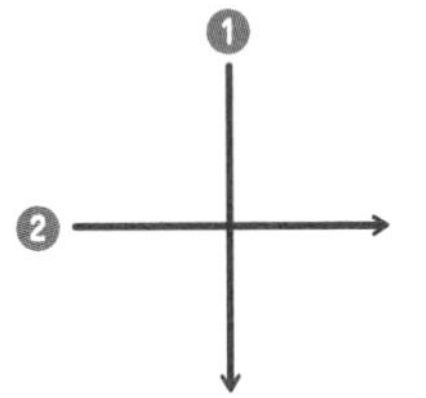

❶♪あめ　あめ　❷ふれ　ふれ

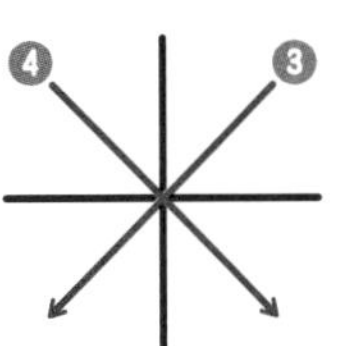

❸♪かあ　さん　❹が𝄾

❺♪じゃの　めで　おむ　かえ
❻　うれ　しい　な　𝄾

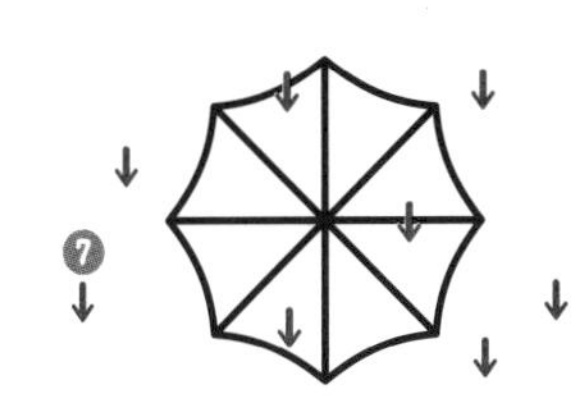

❼♪ピッチ　ピッチ　チャップ　チャップ
ラン　ラン　ラン　𝄾

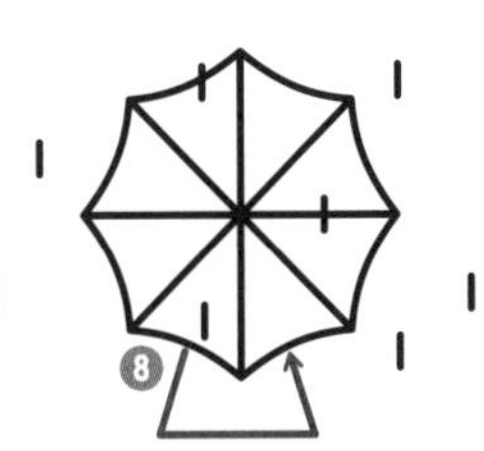

❽♪かけ　ましょ　かば　んを

❾♪かあさんの𝄾

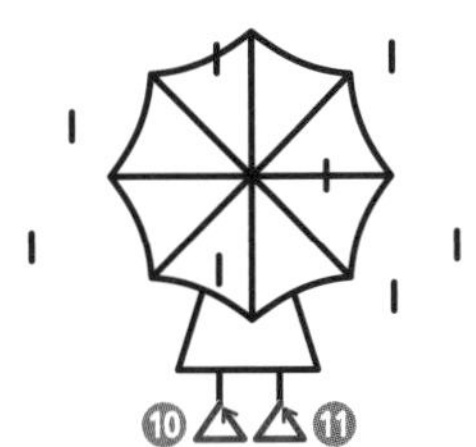

❿♪あと　から　ゆこ　ゆこ
⓫　かね　がな　る𝄾

⓬♪ピッチ　ピッチ　チャップ　チャップ
ラン　ラン　ラン　𝄾

3～5歳児

とけいのうた

作詞：筒井敬介　作曲：村上太朗

指であそぼう

全曲をパーのままであそぶと、もっと簡単になるよ！

準備：親指と小指だけ出す。

❶コチコチ　～　うごいてる

右左に振ってリズムをとる。

❷こどものはりと

リズムに合わせて小指を8回つける。

❸おとなのはりと

リズムに合わせて親指を8回つける。

❹こんにちは　さようなら

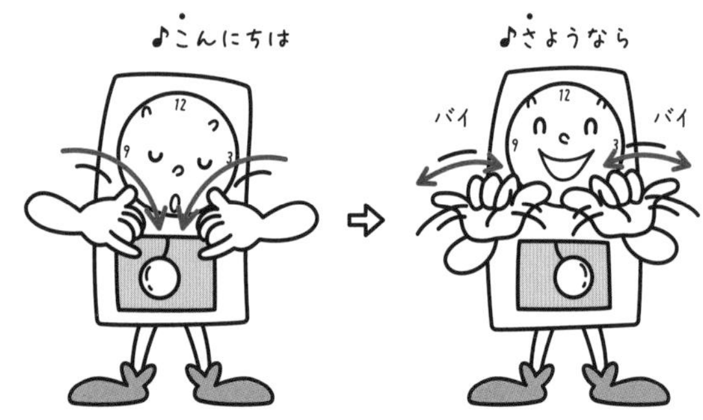

両手を向かい合わせて、おじぎのまねをしてから
バイバイする。

❺コチコチカッチン　さようなら

❶の後、バイバイする。

全身であそぼう

時計の針のように背筋を伸ばそう。

準備：両手を頭の上で合わせる。

❶コチコチ　〜　うごいてる

右手を振り子のように3回振り「さん」で1回手拍子。
次に左手で。

❷こどものはりと　おとなのはりと

右手を少しずつ下ろして横でストップ。次に左手で。

❸こんにちは

「は」で両手を合わせて手拍子。

❹さようなら

「ら」でしゃがんで下で手拍子。

❺コチコチカッチン　さようなら

下から横へ2回振り「ら」で背伸びして
頭の上で手拍子。

2人組で時間を表現しよう

はじめは保育者が、12時・3時・6時・9時と
簡単な時間を言って表現してみよう。

準備：2人組で向かい合う。

❶コチコチ　〜　うごいてる

気をつけをして動かず「さん」で自分が好きな時間を表す。
その時間のまま動かず「る」で好きな時間を表す。

❷こどものはりと　おとなのはりと

手はそのままその場でまわってから、3回両手合わせ。
次に反対まわりで。

❸こんにちは

おじぎをする。

❹さようなら

ジャンプして後ろを向き、
背中合わせになる。

❺コチコチカッチン　さようなら

気をつけをして動かず、ジャンプして向かい合ってから「ら」で
好きな時間を表す。

2〜5歳児

くじらのとけい

作詞：関 和男　作曲：渋谷 毅

クジラ　ブカプカ　うみのうえ　とんでるカモメが
クジラ　ブクブク　うみのなか　かしこいイルカが
じかんをきいた　クジラ　クジラ
いまなんじ
いまくじ　いまくじ　いまくじら
クジラのとけいは　くじくじ　らららら
クジラ　クジラ　いまなんじ
いま〜？
くじら

9の数字であそぼう

「クジ」「くじ」のところだけ歌わないであそんでも楽しいよ。

❶クジラ

♪ 9 クジラ
「9」

左手5本右手4本で、9の数字を表す。

❷ブカプカ　〜　きいた

♪ブカプカ…
パン！
パン！
パン！
パン！

14回手拍子。

❸クジラ　クジラ　いまなんじ

♪クジラクジラ　♪いまなんじ

9を2回表した後、4回手拍子。

❹いまくじ　いまくじ　いまくじら

♪いま
♪くじ
♪ら
パン！
パン！

「くじ」は9を表す。それ以外のところは手拍子。

❺クジラのとけいは　くじ　くじ　ららら

♪クジラの
♪とけいは
♪くじ　くじ
♪ららら
パン！
パン！
パン！
パン！

「クジラ」「くじ」は9を表す。それ以外のところは2回手拍子。

＊2番以降、同じメロディーは1番と同じ動作。

❻クジラ　〜　くじら

❸❹と同じ。

❷の歩くところは、平泳ぎやクロールで泳いでみよう！

☆「9の数字であそぼう」の「9」の数字を出したところをジャンプに変えます。

❶クジラ

前にジャンプする。

❷プカプカ　～　きいた

好きなところを歩く。

❸クジラ　クジラ　いまなんじ

2回ジャンプした後、好きなところを歩く。

❹いまくじ　いまくじ　いまくじら

「くじ」はジャンプ。それ以外のところは手拍子。

❺クジラのとけいは　くじ　くじ　ららら

「クジラ」「くじ」はジャンプ。それ以外のところは2回手拍子。

＊2番以降、同じメロディーは
1番と同じ動作。

❻クジラ　～　くじら

❸❹と同じ。

楽器であそぼう

準備：カスタネット、鈴。

途中で楽器を取り換えてもいいね。

カスタネット:「ク」と「く」のところでたたく。　鈴:「ラ」と「ら」のところでたたく。

4/4
𝄾 クジラプカプカ | うみのうえ 𝄽 | とんでるカモメが | じかんをきいた
𝄾 クジラブクブク | うみのなか 𝄽 | かしこいイルカが | じかんをきいた

クジラクジラ | いまなんじ 𝄽 | いまくじいまくじ | いまくじら 𝄽
クジラクジラ | いまなんじ 𝄽 | いまくじいまくじ | いまくじら 𝄽

クジラのとけいは | くじくじららら :‖
クジラのとけいは | くじくじららら

クジラクジラ | いまなんじ 𝄽 | いま～？ | 𝄽 𝄽 くじ | ら 𝄽 𝄽 𝄽 ‖

1～5歳児

手をたたきましょう

日本語詞：小林純一　外国曲

C F C
て を ー た た ー き ま ー しょう タン タ ン タン タン タ ン タン あ し ー ぶ み ー
C F C F C
し ま ー しょう タン タ ン タン タン タン タン タン
わ ら い ま しょう アッ ハッ ハ
お こ り ま しょう ウン ウン ウン
な き ー ま しょう エン エン エン
C F C F G7 C
わ ら い ま しょう アッ ハッ ハ アッ ハッ ハ アッ ハッ ハ
お こ り ま しょう ウン ウン ウン ウン ウン ウン ウン ウン ウン
な き ー ま しょう エン エン エン エン エン エン エン エン エン
あ あ お も し ろ い

基本のあそび方

❸は「元気いっぱい」「おしとやかに」「声を出さずに」など、違う歌詞を考えてみよう。

☆大きな声で歌いながら「タンタンタン」「アッハッハ」などの歌詞に合わせて下記の動作をします。
1～3番まで❶❷❹の動作は共通。

<1番>

❶てを　～　タンタンタン

♪タンタンタン…

6回手拍子。

❷あしぶみ　～　タンタンタン

♪タンタンタンタン…

ドン！
ドン！
ドン！
ドン！

7回足踏みする。

❸わらいましょう　～　アッハッハ

♪アッハッハ

両手をお腹にあてる。

❹ああおもしろい

両手をキラキラさせながらまわす。

2番以降、❸の動作を下記のように変化させる。

<2番>
おこりましょう　～　ウンウンウン

♪ウンウンウン

胸の前で手を組み、ほほを膨らませる。

<3番>
なきましょう　～　エンエンエン

♪エンエンエン

目の下に手をあてて、泣くまねをする。

2人組であそぼう

手合わせをクロスしてやってみよう。

準備：2人組で向かい合う。

❶てを　～　タンタンタン

♪てをたた…
パン！
パン！
♪タンタンタン…
トン！

8回手拍子してから、6回手合わせ。

❷あしぶみ　～　タンタンタン

♪タンタンタン…
トン！

8回足踏みしてから、7回手合わせ。

❸わらいましょう　～　アッハッハ

ぐるり
♪アッハッハ
トン！

その場でまわってから、3回手合わせ。この動作を2回した後、
6回手合わせ。

❹あああもしろい

両手をつないで、その場でまわる。

円であそぼう

右ギャロップができるようになったら、左ギャロップに挑戦！

準備：円になり、手をつなぐ。

❶てを　～　タンタンタン

♪てをたたき…
♪タンタンタン
パン！
パン！
パン！
パン！
パン！
パン！

右回りでギャロップした後、6回手合わせ。

❷あしぶみ　～　タンタンタン

♪あしぶみ…
♪タンタン…
ドン！ドン！

右回りでギャロップした後、7回足踏み。

❸わらいましょう　～　アッハッハ

♪わらいましょう
♪アッハッハ

円の中心に向かって4歩入って笑う。
さらに4歩進んで笑い、次に笑いながら元の位置にもどる。

❹あああもしろい

おしりを振りながら、ひっぱりっこする。

2〜5歳児

汽車ポッポ

作詞・作曲：本居長世

汽車になって走ろう

❼で保育者が声掛けをして、車庫に入るように集まろう！

準備：手を車輪のように体の横におく。

❶おやまの 〜 きしゃポッポ

手を車輪のようにまわしながら歩く。

❷ポッポ 〜 ゆげふいて

❶よりもスピードを上げて走る。

❸きかんしゃ 〜 あとおし

後ろに歩く。

❹なんださか 〜 こんなさか

ストップして、前後に体を倒す。この動作を2回。

❺トンネル 〜 ポッポポッポ

両手を上げて、つま先立ちで歩く。

❻トンネル 〜 シュシュシュシュ

小さくなって歩く。

❼トンネル 〜 てっきょう

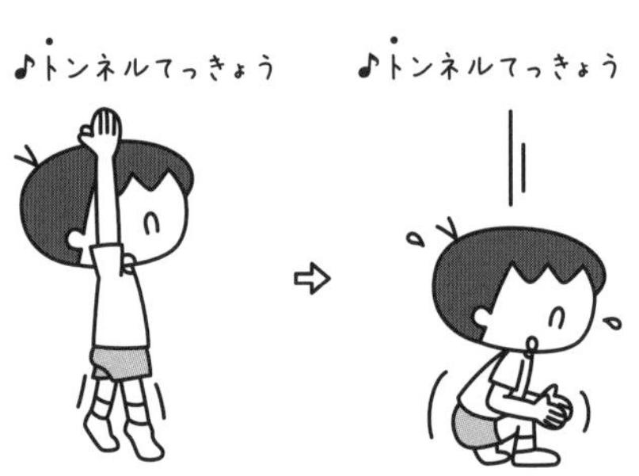

2呼間ずつで、大きくなったり小さくなったりする。

❽トンネル 〜 トンと

1呼間ずつで❼の動作を4回。

❾のぼりゆく

手拍子しながら、その場で歩いてまわる。

ゆっくりと速いの速度を意識してあそぼう！

準備：2人組で向かい合う。

❶おやま　～　きしゃポッポ

♪おーやまのなかゆく…

16回手合わせ。

❷ポッポ　～　ゆげふいて

♪ポッポポッポくーろい…

❶の動作を倍のテンポで32回。

❸きかんしゃ　～　あとおし

♪きかんしゃときかんしゃが…

両手をつないで右左交互に2回ひっぱりっこ。

❹なんださか　～　こんなさか

♪なんださか　こんなさか…

❸の動作を倍のテンポで4回。

❺トンネル　～　シュシュシュシュ

♪トンネルてっきょう

⇔

♪シュシュシュシュ

両手を2回上げ下げ。

❻トンネル　～　トントントンと

♪トンネル　てっきょう…

❺の動作を倍のテンポで4回。

❼のぼりゆく

手をつないで、その場で歩いてまわる。

4拍子のリズムに合わせて、細かくきざんで描こう。

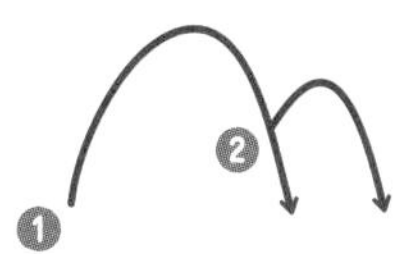

❶♪おやまの　❷なかゆく

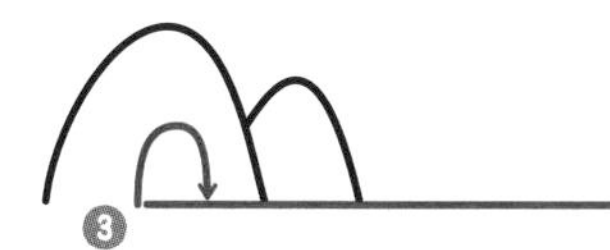

❸♪きしゃ　ポッポ

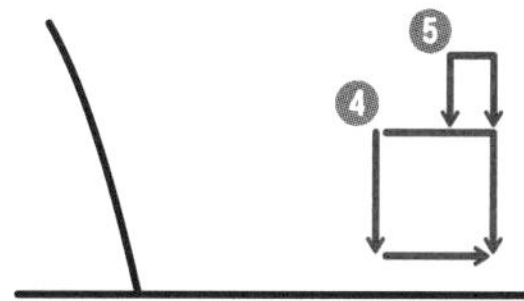

❹♪ポッポ　ポッポ　く　ろい　❺けむ　をだ　し

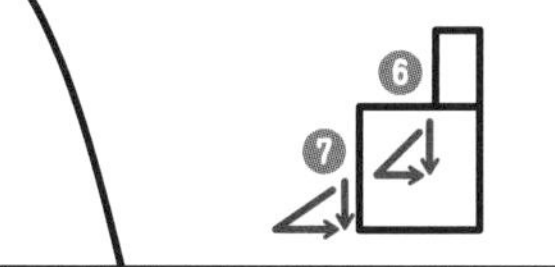

❻♪シュシュ　シュシュ　しーろい　❼ゆげ　ふい　て

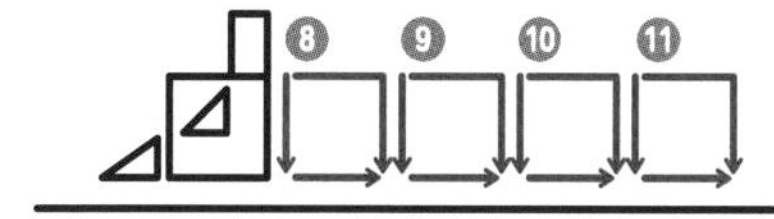

❽♪きかん　しゃと　きかん　しゃが　❾まえ　ひき　あと　おし
❿　なんだ　さか　こんな　さか　⓫なんだ　さか　こんな　さか

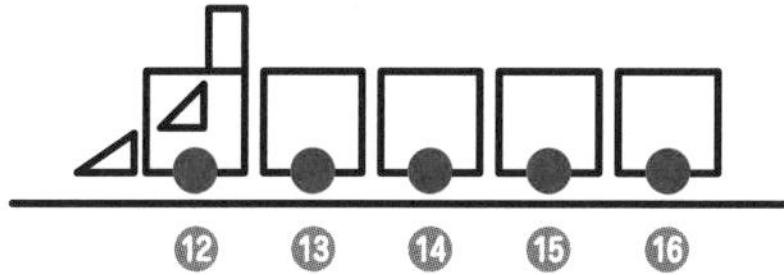

⓬♪トンネルてっきょうポッポポッポ　⓭トンネルてっきょうシュシュシュシュ
⓮　トンネルてっきょう　⓯トンネルてっきょう　⓰トンネルトンネルトントントン　と

⓱♪のーぼりゆく

3～5歳児

はたけのポルカ

日本語詞：峯 陽　ポーランド民謡

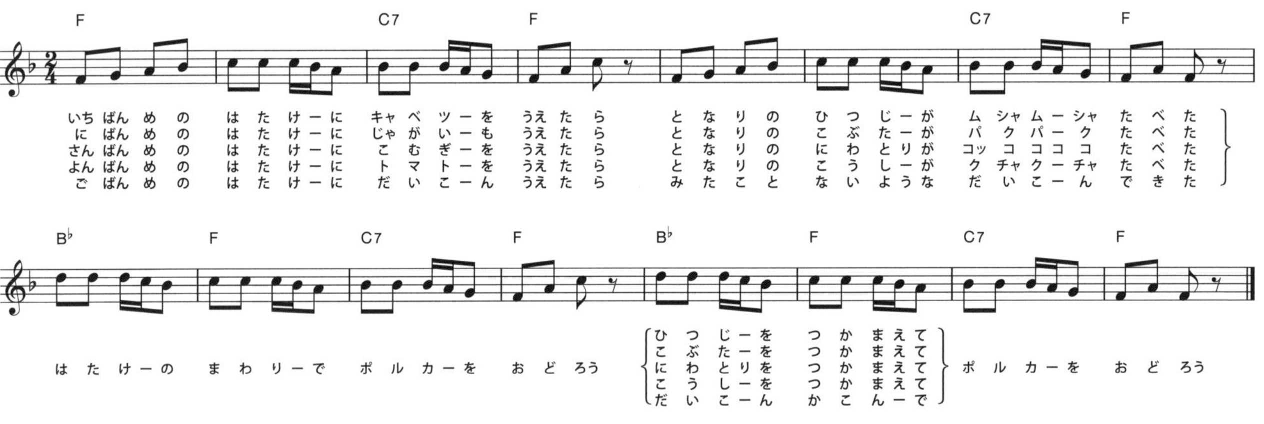

指が増えると手拍子の音の響きが変化していくので、その音を楽しもう！

準備：両手の人差し指を出す。

❶ いちばんめの　～　たべた

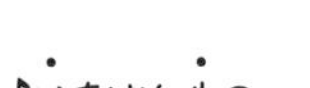

指を16回曲げ伸ばし。

❷ はたけのまわりで

後打ちで、2回指合わせ。

❸ ポルカを

かいぐりする。

❹ おどろう

3回指合わせ。

❺ ひつじを　～　おどろう

❷～❹と同じ。

＊2番以降、同じメロディーは1番と同じ動作。
ただし2番以降、指を2本、3本、4本、5本と増やしていきながら、1番と同じ動作。

2人組であそぼう

準備：2人組で向かい合い、手をつなぐ。　2番以降、❺の指合わせは「指であそぼう」と同様に増やしていく。

❶いちばんめの　～　うえたら

両手を2回上下する。

❷となりの　～　たべた

❶の動作を倍のテンポで4回上下する。

❸はたけのまわりで

その場でまわる。

❹ポルカを

かいぐりする。

❺おどろう

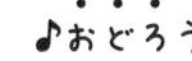

1本指合わせを3回。

❻ひつじを　～　おどろう

❸～❺と同じ。

円であそぼう

❸は足もつけて斜め前と横に出すとちょっと難しくなるよ。

準備：円になり、手をつなぐ。

❶いちばんめの　～　うえたら

中央に向かって7歩歩き「たら」で素早く2回足踏みする。

❷となりの　～　たべた

7歩もどり「べた」で2回足踏みする。

❸はたけのまわりで　ポルカを

手拍子の後、両隣の人と手合わせ。この動作を3回。

❹おどろう

手拍子と足踏みを3回する。

❺ひつじを　～　おどろう

❸❹と同じ。

2〜5歳児

たなばたさま

作詞：権藤はなよ／補作詞：林 柳波　作曲：下総皖一

指であそぼう

小指から出したり、右手･左手･両手の順でしてみたり、出し方を組み合わせてあそぼう。

❶ささのは

♪さ　♪さ　♪の　♪は

両手の指を1〜4本まで順に出す。

❷さらさら

両手をヒラヒラさせながら、右上から斜め下に下ろす。

❸のきばに　ゆれる

♪ゆれる

❶❷と同じ。
（ただし❷は左上から）

❹おほしさま　きらきら

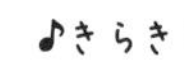

❶の動作の後、両手を頭の上でキラキラさせる。

❺きんぎん　すなご

♪すな　♪ご

❶の動作の後、「すな」で手を後ろに隠し「ご」でパーにして出す。

ゆったりと踊ろう

曲の雰囲気を味わいながらゆったりと流れるように動こう。

❶ささのは

右手を右斜め上に出し、次に左手を右手の下に出す。

❷さらさら

両手をヒラヒラさせながら、
右上から斜め下に下ろす。

❸のきばに　ゆれる

❶❷を左から。

❹おほしさま　きらきら

右左の順に手を上げ、キラキラさせる。

❺きんぎん　すなご

右左にゆれて「すなご」で手を下ろし、その場で素早くまわる。

2人組であそぼう

❹の手合わせを頭の上など、いろいろな場所で
息を合わせながらできるかな？

準備：2人組で向かい合う。

❶ささのは

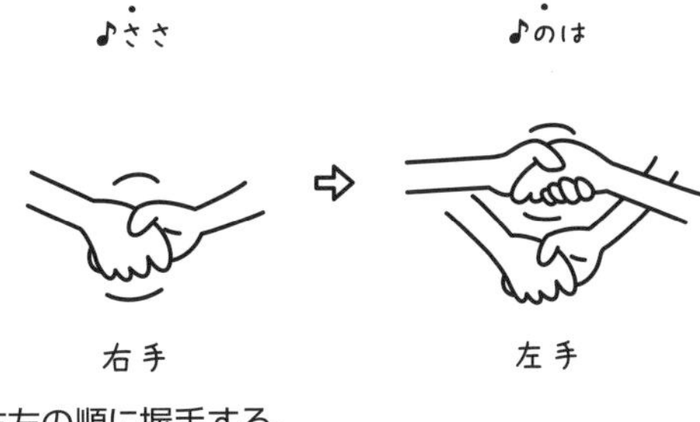

右左の順に握手する。

❷さらさら

握手したまま、その場でまわる。

❸のきばに　ゆれる

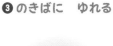

❶❷と同じ。

❹おほしさま　きらきら

右左交互に4回手合わせ。

❺きんぎん　すなご

頭の上で4回手合わせしてから「すな」でその場でそれぞれ1人でまわり
「ご」で手合わせする。

2〜5歳児

きらきらぼし

日本語詞：武鹿悦子　フランス民謡

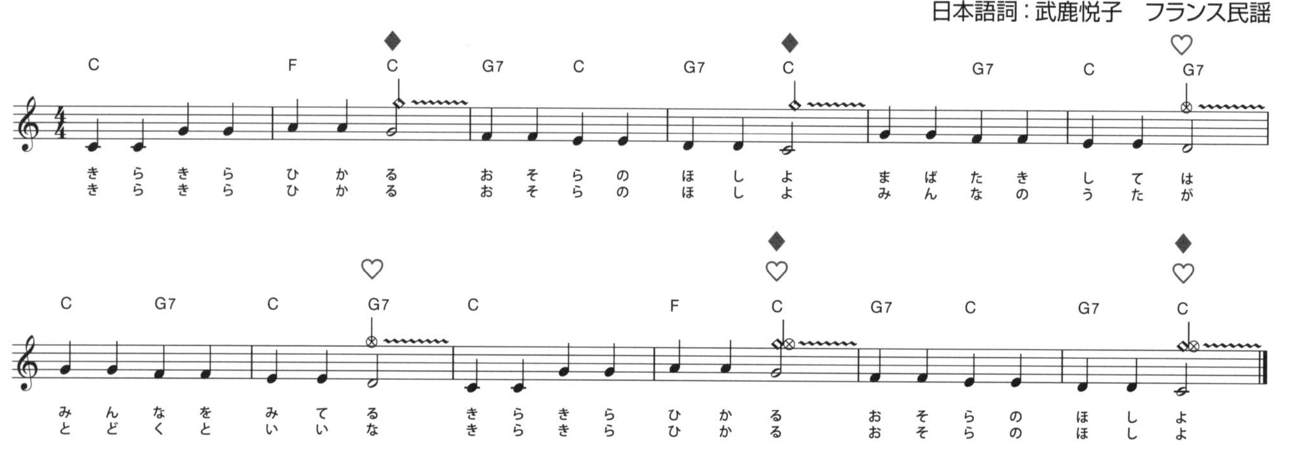

手をキラキラさせてあそぼう

床にすわってもあそべるよ。
❺はおしりでまわろう。

❶ きらきら

右手を上げる。次に左手。

❷ ひかる

両手を右左に振る。

❸ おそらの

右手を左胸にあてる。次に左手で。

❹ ほしよ

両手はそのままで、
首を右左に振る。

❺ まばたきしては　みんなをみてる

両手を顔の横でキラキラ
させながら、その場でまわる
(反対まわりも)。

❻ きらきら　〜　ほしよ

❶〜❹と同じ。

替え歌で笑ってあそぼう

「笑う」以外にも怒ったり泣いたり、いろいろな表情の歌詞と動作を考えよう。

<例> ♪みんなでわらいましょ　わはははははは　おなかをつきだして　わはははははは　みんなでわらいましょ　わはははははは

❶ みんなでわらいましょ

7回手拍子する。

❷ わはははははは

お腹を両手で7回たたく。

❸ おなか　～　わはははははは

❶❷ の動作を2回。

❶ は同じ。❷❸ の歌詞と動作を下記のように変化させる。

♪おほほほほほほ
おひめさまのように　～

片手を口にあてる。

♪ニコニコニコニコニーコニコ
エクボをつくって　～

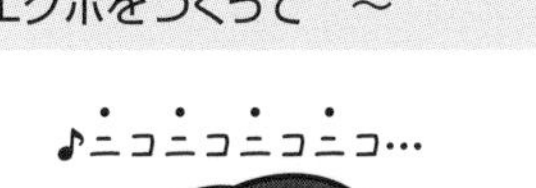

両手の人差し指をほほにあてる。

♪ケタケタケタケタケッタケタ
おばけになって　～

両手をおばけのように胸の前に出し右左に振る。

楽器であそぼう

歌うときは楽器を鳴らさないように、体にしっかりつけておこう。

☆「おそらのほしよ」から、音が「ファファミミレレド」のように順に並んでいるので、音を簡単に教えることができます。メロディー楽器に音階のシールを貼ってみましょう。

メロディー楽器：ピアニカ・木琴・鉄琴などの中から1種類
打楽器：◆=トライアングル・♡=鈴など（7呼間目にトレモロを入れる）。（楽譜参照）

＜発表会ver.＞	＜1番＞	＜2番＞	＜くり返し＞
	歌詞で歌う。	音階で歌う。	楽器演奏を2回する。

絵をかいてあそぼう

三角形を描くことに挑戦！

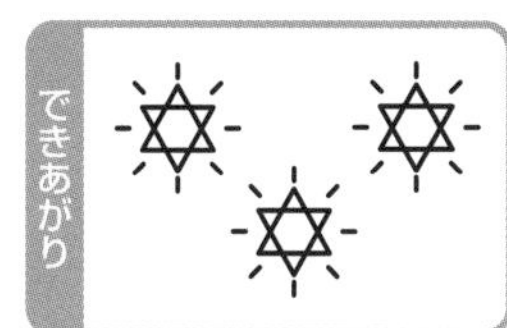

❶ ♪きらきら　❷ ♪ひかる　❸ ♪おそらのほしよー

❶～❸ を2回描く。
♪まばたき　～　ほしよ

2〜5歳児

トマト

作詞：荘司 武　作曲：大中 恩

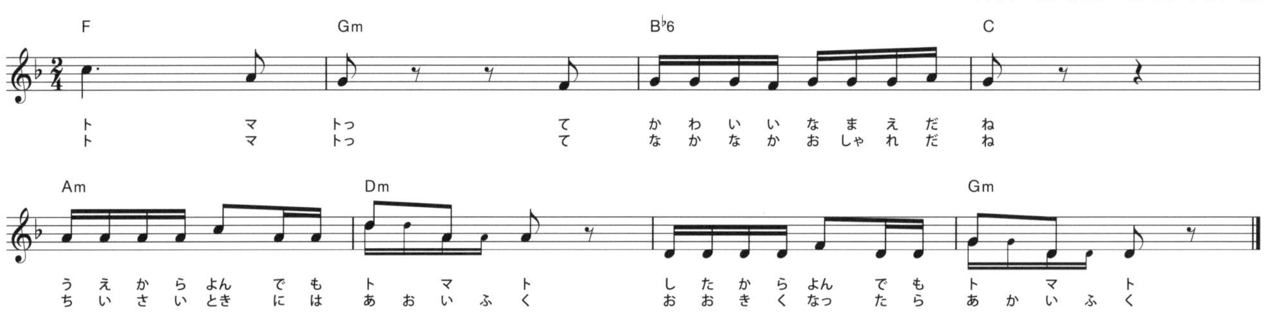

全身であそぼう

❶❷を片足立ちでバランスをとってやってみよう！

❶トマトって

両手を大きくまわして、頭の上で合わせる。

❷かわいい なまえだね

❶のポーズのまま、右左にゆれる。

❸うえから よんでも

両手を広げてその場でまわる。

❹トマト

頭の上・胸の前・しゃがんでひざの前の順で手拍子。

❺したからよんでも

しゃがんだまま❸の動作。

❻トマト

❹の反対で、下から手拍子。

言葉あそびをしよう

文字や絵を描いて、歌いながらあそぼう。

<回文ver.>

☆1番の歌詞の「トマト」のように、上から読んでも下から読んでも同じことばを探しましょう。

<例>　こねこ（子猫）
しんぶんし（新聞紙）
やおや（八百屋）
キツツキ　etc.

<色の変化ver.>

☆2番の歌詞のように、色が変化する野菜や果物をみつけてみましょう。

<例>　いちご
みかん
パプリカ
りんご
バナナ
すいか（中と外が違う）etc.

0〜5歳児

うみ

作詞：林 柳波　作曲：井上武士

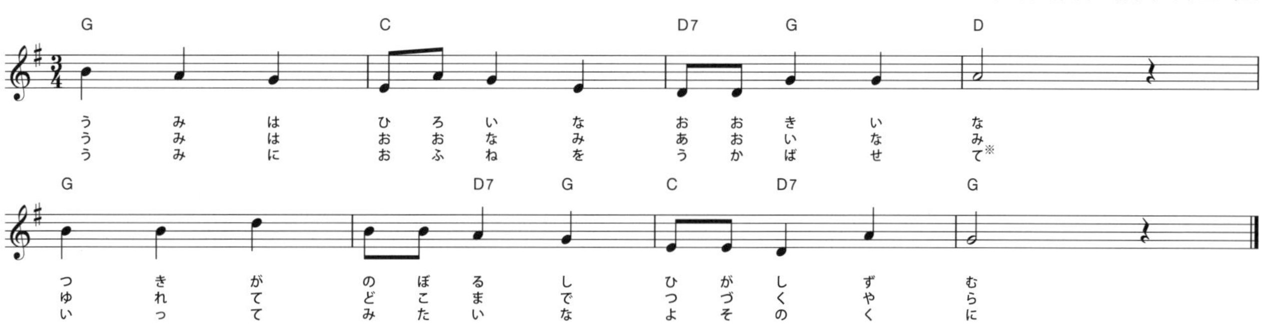

※3番の原詩は「うかばして」ですが、現在は教科書に「うかばせて」で改められています。

足で三拍子をとろう

寝転がってもできるかな？

準備：椅子にすわる。

❶うみは　〜
おおきい

「う」で両足を合わせてから、足で円を描く。この動作を3回。

❷な

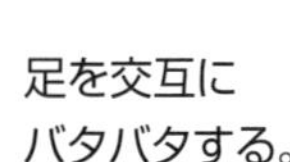

足を交互にバタバタする。

❸つきが　〜　しずむ

❶❷と同じ。

2人組であそぼう

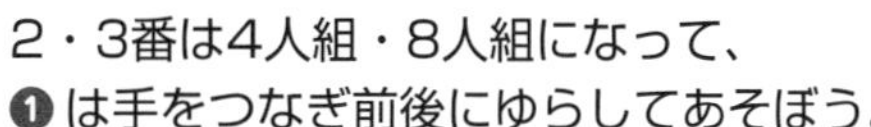
2・3番は4人組・8人組になって、
❶は手をつなぎ前後にゆらしてあそぼう。

準備：2人組で向かい合い、手を合わせる。

❶うみは　〜
おおきい

大きく3回円を描く。

❷な

たくさん手合わせする。

❸つきが　〜　しずむ

❶❷と同じ。

スキンシップであそぼう

子どもが怖がるときは、抱っこしよう。

準備：子どもは手足を伸ばしうつ伏せになる。保育者が子どもの体を下から支えて持ち上げる。

❶うみは
ひろいな

子どもを前後にゆらす。

❷おおきいな

子どもを抱き寄せて、
その場でまわる。

❸つきが　〜　しずむ

❶❷と同じ。

2~5歳児

かもめの水兵さん

作詞：武内俊子　作曲：河村光陽

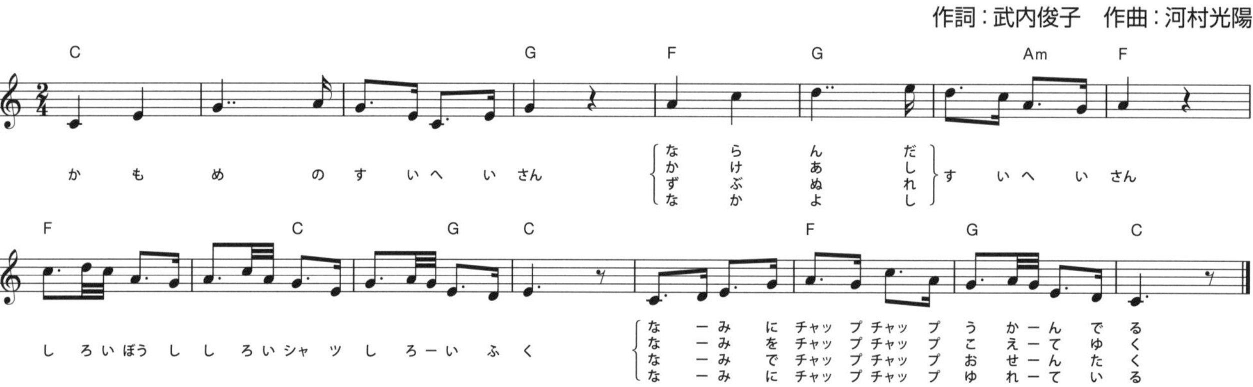

リズムにのって歩こう

友だちと向き合って、近づいたり離れたりしてあそんでも
おもしろいね。

❶ かもめの　～　すいへいさん

敬礼しながら7歩歩き、8歩目で向きを変える。この動作を2回。

❷ しろいぼうし　～　しろいふく

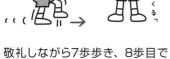

弾みながら大股で8歩歩く。

❸ なみにチャップチャップ

両手で波をつくりながら、前に小走りする。

❹ うかんでる

ひき潮のように後ろ向きで小走りする。

波をつくってあそぼう

4人組からはじめてだんだん人数を増やしてね。

準備：手をつなぎ列になる。

❶ かもめの　～　すいへいさん

端から順に、波のようにしゃがんだり立ったりする。

❷ しろいぼうし　～　しろいふく

前・後ろ・前・前・前に小さくジャンプする。

❸ なみに　～　うかんでる

❶と同じ。

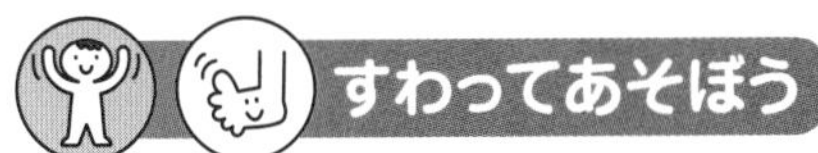

すわってあそぼう

❸ は好きな泳ぎ方であそぼう。

準備：椅子にすわる。

❶ かもめの　～　すいへいさん

右手で敬礼しながら足踏みする。
「ならんだ」から左手で敬礼。

❷ しろいぼうし　～　しろいふく

両足を揃えて、4回上げ下げする。

❸ なみに　～　うかんでる

平泳ぎのまねをする。

旗であそぼう

旗をピシッと止めるとかっこいい～！

準備：旗を両手に持つ。1～4番まで ❷ ❸ の動作は共通。

＜1番＞

❶ かもめの　～　すいへいさん

左手は前に出し、右手を肩からまわして
ストップ。次に反対で。この動作を2回。

❷ しろいぼうし　～　しろいふく

胸の前で交差させてから開いたり
閉じたりする。この動作を4回。

❸ なみに　～　うかんでる

両手で右から左、左から右へ波をつくり、
最後に両手を上げる。

2番以降、❶ の動作を下記のように変化させる。

＜2番＞
かもめの　～　かけあしすいへいさん

胸の前で交差させてから両手を上げる。次に交差させてから両手を
斜め下に。この動作を2回。

＜3番＞
かもめの　～　ずぶぬれすいへいさん

左手は横に広げ、右手をまわす。次に反対で。
この動作を2回。

＜4番＞
かもめの　～　なかよしすいへいさん

気をつけをし、右手は斜め上、左手は斜め下。次に反対で。この動作を2回。

2〜5歳児

アイ アイ

作詞：相田裕美　作曲：宇野誠一郎

まねっこして歌おう

保育者がいろいろな声（大きい・小さい・高い・低い・鼻をつまんだ声など）を出し、まねっこしよう。

☆保育者の「アーイアイ」のあとに「（アーイアイ）」を追いかけて歌います。

動作でまねっこしてあそぼう

慣れてきたら子どもが順番に、先生役になろう！

準備：保育者と向かい合い、さるのポーズをとる。

❶ アーイアイ　〜　（アーイアイ）

保育者が手足を交互に入れ替える。
次に子どもがまねをする。この動作を2回。

❷ おさるさんだよ

4回手拍子した後に、頭の上に手をのせる。

❸ アーイアイ　〜　おさるさんだよ

❶❷ の動作を3回。

☆❶ の「アーイアイ」の動作を、他の好きなポーズで考えてみましょう。

全身であそぼう

❸は手拍子でもOK!

＜目ver.＞

❶アーイアイ（アーイアイ）

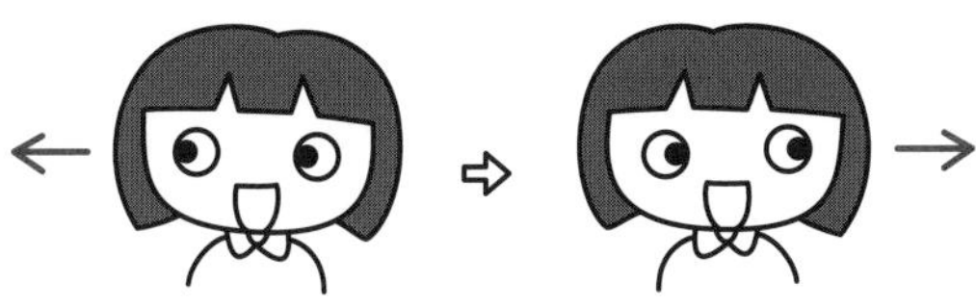

目を右左に動かしてストップ。

❷アーイアイ（アーイアイ）

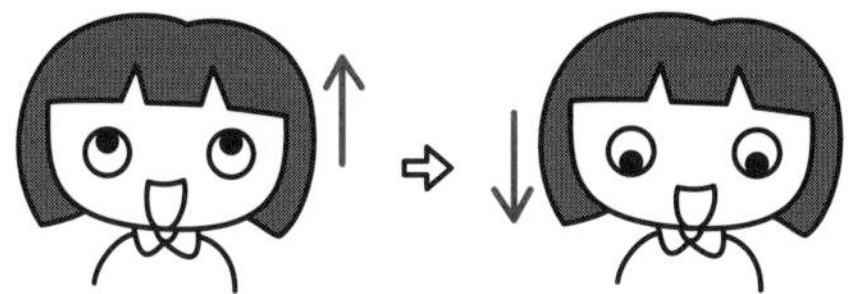

目を上下に動かしてストップ。

❸おさるさんだよ

ぐるり

目をぐるりとまわす。

❹アーイアイ　～
おさるさんだよ

❶～❸の動作を3回（反対まわりも）。

＜手ver.＞

❶アーイアイ（アーイアイ）

両手を右左に動かしてストップ。

❷アーイアイ（アーイアイ）

両手を上下に動かしてストップ。

❸おさるさんだよ

その場でまわる。

❹アーイアイ　～
おさるさんだよ

❶～❸の動作を3回（反対まわりも）。

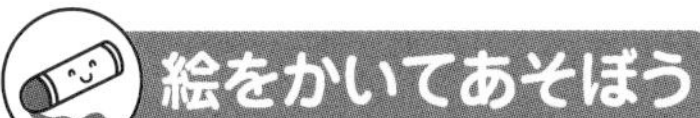
絵をかいてあそぼう

歌のまねっこのところは、描くのはお休みだよ。

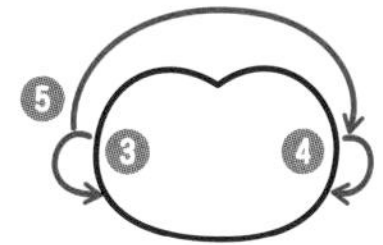

❶♪アーイアイ（アーイアイ）
❷　アーイアイ（アーイアイ）

❸♪おさ　る　❹さーんだ　❺よー

❻♪アーイアイ（アーイアイ）
アーイアイ（アーイアイ）

❼♪みなみの　しま　の

❽♪アイアイ（アイアイ）
❾　アイアイ（アイアイ）

❿♪しっぽのながいー

⓫♪アーイアイ（アーイアイ）
⓬　アーイアイ（アーイアイ）

⓭♪おさるさん　だ

⓮♪よー

0〜5歳児

大きなたいこ

作詞：小林純一　作曲：中田喜直

音の大小を感じてあそぼう

机や楽器などいろいろなものをたたいて、大きな音と小さな音を感じよう。歌声にも強弱をつけてね。

❶おおきな　たいこ

両手を横に広げる。

❷ドーン　ドーン

♪ドーン ドーン

ひじを伸ばしたまま大きい音で2回手拍子。

❸ちいさな　たいこ

両手の人差し指を胸の前に出す。

❹トン　トン　トン

♪トントントン

小さな音で3回指合わせ。

❺おおきな　たいこ　〜　トン　トン　トン

❶❸❷❹の順にくり返す。

円であそぼう

小さなたいこのときは、音をたてないようにそっとジャンプしよう。

準備：円になり、手をつなぐ。

❶おおきな　たいこ

両手を上げる。

❷ドーン　ドーン

手を上げたまま、2回ジャンプする。

❸ちいさな　たいこ

円の中心に集まる。

❹トン　トン　トン

その場で小さく3回ジャンプする。

❺おおきな　たいこ

広がる。

❻ちいさな　たいこ

❸と同じ。

❼ドーン　～　トン

❷❹と同じ。

スキンシップであそぼう

立って向かい合い、手をつないでジャンプさせてあげるのもいいね。

準備：保育者の足の上に、向かい合わせになるように子どもをのせて、手を持つ。

❶おおきな　たいこ

手を広げる。

❷ドーン　ドーン

ひざを曲げて子どもを
2回弾ませる。

❸ちいさな　たいこ

顔を近づけて小さくなる。

❹トン　トン　トン

❷の動作のように、
小さく3回弾ませる。

❺おおきな　～　トン

❶❸❷❹の順に
くり返す。

<寝転がりver.>

❶おおきな　たいこ

子どものお腹に両手で
円を描く。この動作を2回。

❷ドーン　ドーン

2回ふれる。

❸ちいさな　たいこ

子どものほっぺに両手で
円を描く。この動作を2回。

❹トン　トン　トン

3回ふれる。

❺おおきな　～　トン

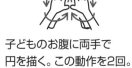

❶❸❷❹の順に
くり返す。

0〜5歳児

バスごっこ

作詞：香山美子　作曲：湯山 昭

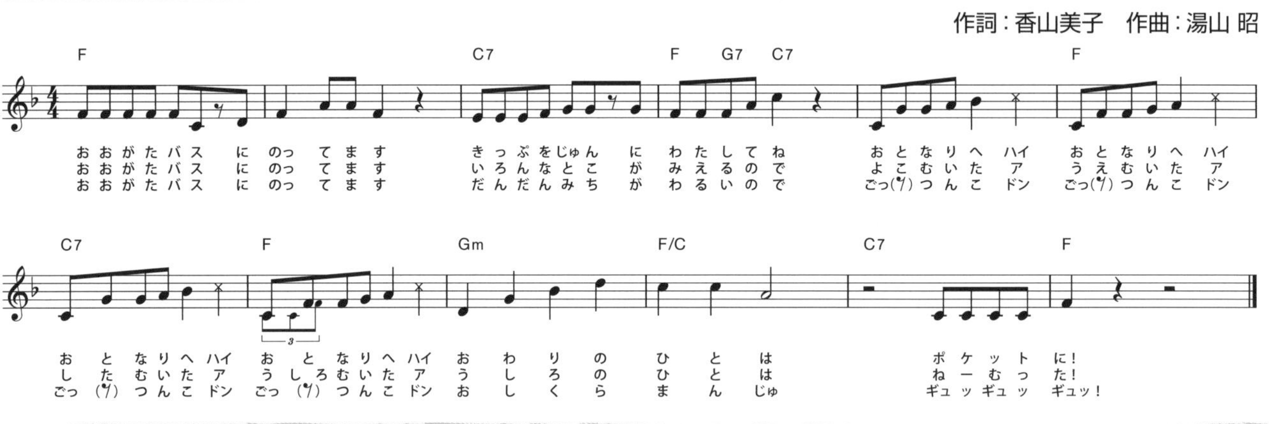

運転手になってあそぼう

立ってするときは❶は走り、❾でおしくらまんじゅうをしよう。

準備：バスに乗っているように椅子を並べてすわる。

＜1番＞

❶おおがた　〜　わたしてね

ハンドルを持って運転のまねをする。

❷おとなりへ　〜　（ハイ）

ひざを3回たたいてから「ハイ」と言って
隣の人に渡すまねをする。この動作を4回。

❸おわりのひとは　ポケットに！

10回手拍子してから両手を隠す。

＜2番＞

❹おおがた
〜　みえるので

❶と同じ。

❺よこむいた　〜　（ア）

ひざを3回たたいた後「ア」と言って横を向く。
同じように上・下・後ろの順で。

❻うしろのひとは　ねむった！

10回手拍子してから眠る
まねをする。

＜3番＞

❼おおがた
〜　わるいので

❶と同じ。

❽ごっつんこ　〜　（ドン）

ひざを3回たたいてから「ドン」と言って
おしりを浮かす。この動作を4回。

❾おしくらまんじゅ　ギュッギュッギュッ！

10回手拍子してから「ギュッギュッギュッ！」
でからだを右左に振る。

フープであそぼう

❸で全員がフープに入れるまで伴奏をゆっくり弾いたり、回数を増やしたりしよう。

準備：1人1個ずつ、フープをハンドルのように持つ。

❶おおがた　～　じゅんに

運転のまねをしながら好きなところを歩く。

❷わたしてね

フープをくぐってから落とす。

❸おとなりへ　～　（ハイ）

フープから出て「ハイ」で空いているフープの中に入る。
この動作を4回。

❹おわりのひとは　ポケットに！

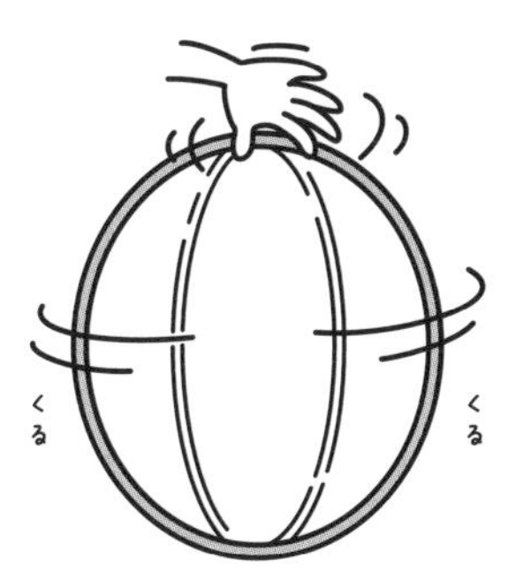

フープを床に立ててまわす。

スキンシップであそぼう

「シートベルトを締めます」「出発進行！」などと言ってはじめよう！

準備：保育者の足の上に子どもをのせて、手を持つ。

❶おおがた　～　わたしてね

運転のまねをする。

❷おとなりへ　～　（ハイ）

足でリズムをとり「ハイ」でひざを曲げて弾ませる。
この動作を4回。

❸おわりのひとは　ポケットに！

右左に3回ゆれてから「に！」でお腹をくすぐる。

3～5歳児

南の島のハメハメハ大王

手指でフラダンスをしよう

全部指を5本にして腰を振って踊ると本格的なフラダンスになるよ！

❶ みなみのしまのだいおうは

両手の人差し指をフラダンスのように右左の順にゆらす。

❷ そのなも　～　かれのゆめ

❶ の動作で、指を2本、3本、4本、5本と増やしていく。

❸ ハメハメハ　ハメハメハ

顔の横で3回手拍子した後「フー」と言いながら
両手を上げる。この動作を2回。

❹ ハメハメハメハメハ

4回手拍子した後、最後の「ハ」で親指と小指を立てて、
キラキラさせながらまわす。

全身であそぼう

❹のたたく動作を変化させてあそぼう。

❶ みなみのしまのだいおうは

腕を組んで、右足で右へ3歩ケンケンした後に1回手拍子。次に左足で左へ。

❷ そのなもいだいなハメハメハ

両手を4回上げ下げしながら、その場でまわる。

❸ ロマンチック ～ かれのゆめ

❶❷の動作をした後に、❷を反対まわりで。

❹ ハメハメハ　ハメハメハ　ハメハメハメハメハ

もも1回、両手クロスで胸1回、頭1回の順にたたき、「フー！」と言いながら頭の上でキラキラさせる。この動作を4回。

2人組であそぼう

❷は両手をつないでまわってもいいよ。

準備：2人組で向かい合い、自分の腕を組む。

❶ みなみのしまのだいおうは

右足で右へ3歩ケンケンした後に1回手拍子。次に左足で左へ。

❷ そのなもいだいなハメハメハ

互いの右手を組んで、左手を上げ下げしながらその場でまわる。

❸ ロマンチック ～ かれのゆめ

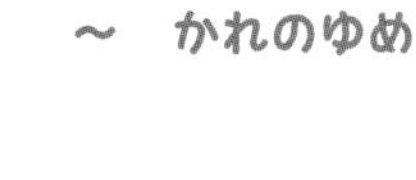

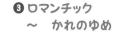

❶❷の動作をした後、左手を組んで❷を反対まわりで。

❹ ハメハメハ　ハメハメハ　ハメハメハメハメハ

もも1回、両手クロスで胸1回、頭1回の順にたたき、「フー！」と言いながら片足を上げて両手合わせ1回。この動作を4回。

0〜5歳児

花火

作詞：井上 赳　作曲：下総皖一

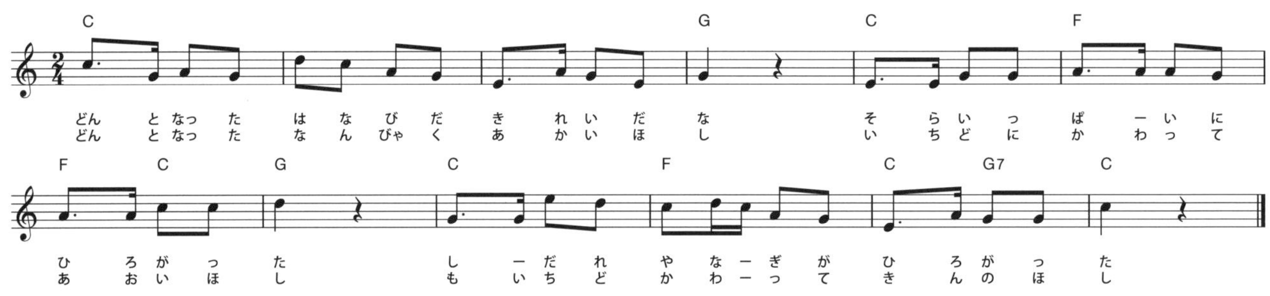

どん となった はなびだ きれいだな そらいっぱいに ひろがった しだれやなぎが ひろがった
どん となった なんびゃく あかいほし いちどに あおいほし もいちど かわーって きんのほし

全身であそぼう

打ち上げ花火になったつもりで大きくジャンプしよう！

❶ どんとなったはなびだ　きれいだな

手拍子しながらジャンプし、手をキラキラさせながらまわす。この動作を2回。

❷ そらいっぱいに　ひろがった

両手をグーにして小さくなり、パーにして大きくなる。この動作を2回。

❸ しだれやなぎが ひろがった

❶❷の動作を1回ずつ。

タオルであそぼう

タオルをティッシュに替えてチャレンジ！

準備：ハンドタオルを持つ。

❶ どんとなったはなびだ　きれいだな

タオルを上に投げてからキャッチする。この動作を2回。

❷ そらいっぱいに ひろがった

タオルを片手で持って、頭の上で8回まわす。

❸ しだれやなぎが ひろがった

❶の動作を1回した後、タオルを4回まわす。

ボールであそぼう

❷でボールをついた後、最後にその場でまわってからキャッチできるかな？

準備：ボールを持つ。

❶どんとなったはなびだ　きれいだな

ボールを上に投げてからキャッチする。
この動作を2回。

❷そらいっぱいに　ひろがった

片手でボールを7回つき、最後にキャッチする。

❸しだれやなぎが　ひろがった

❶の動作を1回した後、
ボールを3回つきキャッチ。

スキンシップであそぼう

抱っこをして、保育者が❶はジャンプ、❷は右左にゆれてもOK。

準備：子どもの脇の下に手を入れて抱き上げる。

❶どんとなったはなびだ　きれいだな

2回高い高いをする。

❷そらいっぱいに　ひろがった

右左にゆらしてから「た」で抱きしめる。

❸しだれやなぎが　ひろがった

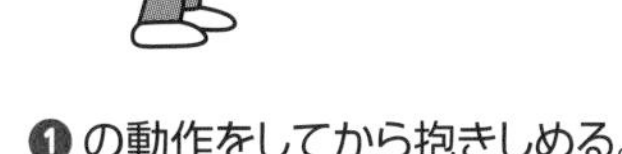

❶の動作をしてから抱きしめる。

絵をかいてあそぼう

❶は花火が上がるイメージで下から上に描こう。

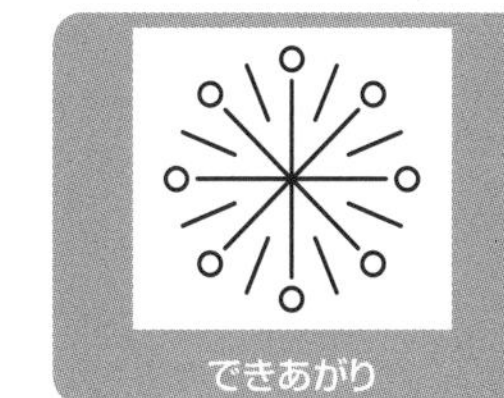

できあがり

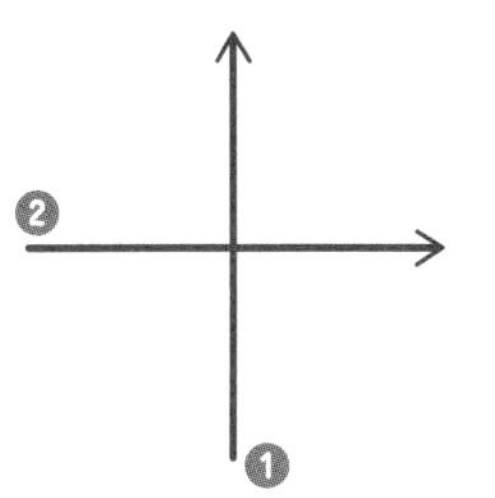

❶♪どん　となった
❷　はな　びが

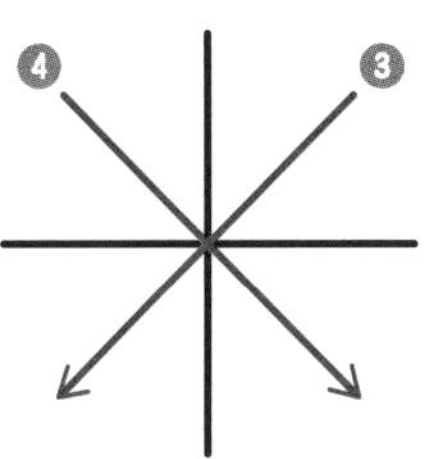

❸♪きれ　いだ　❹なー　𝄽

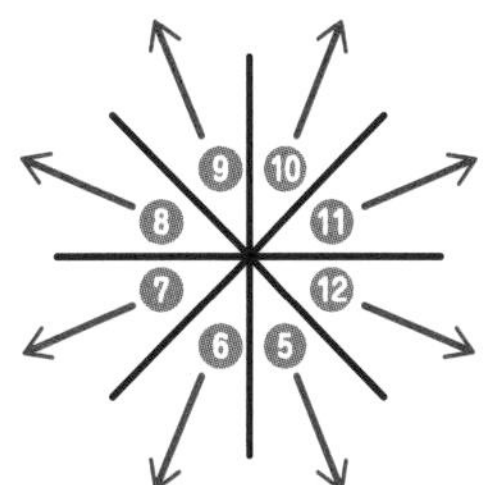

❺♪そら　❻いっ　❼ぱ　❽いに
❾　ひろ　❿がっ　⓫た　⓬𝄽

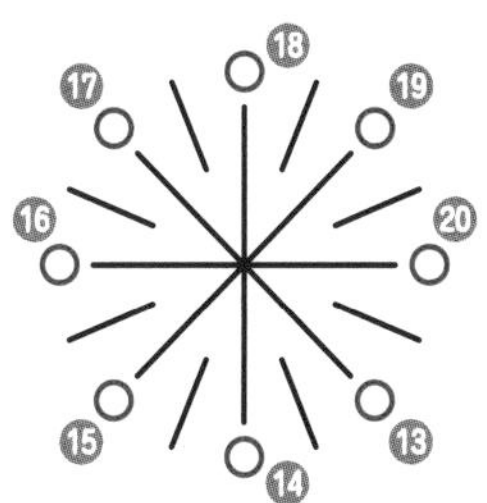

⓭♪し　⓮だれ　⓯やな　⓰ぎが
⓱　ひろ　⓲がっ　⓳た　⓴𝄽

1〜5歳児

おばけなんてないさ

作詞：まきみのり　作曲：峯 陽

おばけになって歩こう

足音を立てないように歩こう！

準備：両手を胸の前でおばけのようにする。

❶おばけ　〜　みまちがえたのさ

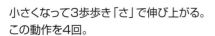

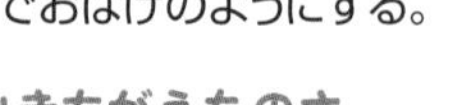

小さくなって3歩歩き「さ」で伸び上がる。
この動作を4回。

❷だけどちょっと　〜　ぼくだって

小さくなって手で顔を覆う。

❸こわいな

目を出す。

❹おばけ　〜　うそさ

❶の動作を2回。

スキンシップであそぼう

保育者が後ろ向きになるように歩こう。

準備：保育者の足の甲の上に子どもを立たせて手をつなぐ。

❶おばけ　〜　みまちがえたのさ

好きなところを歩く。

❷だけどちょっと　〜　ぼくだって

顔を近づけて右左に素早く振る。

❸こわいな

抱き寄せる。

❹おばけ　〜　うそさ

❶と同じ。

椅子とりゲームであそぼう

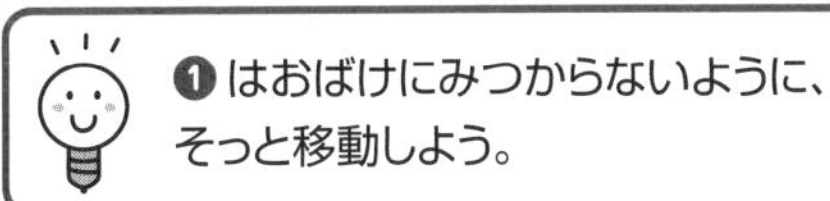

❶はおばけにみつからないように、そっと移動しよう。

準備：椅子を円の内側を向くように並べてすわる。おばけ役を決め、おばけは円の中心に入る。

❶おばけ　～　みまちがえたのさ

子ども：2回手拍子してから「ないさ」で右隣に移る。この動作を4回。
おばけ役：円の中をおばけの手にして歩く。

❷だけどちょっと　～　こわいな

子ども：立ち上がり、好きなところを歩き「こわいな」で違う椅子にすわる。
　　　　すわれなかった人は、次のおばけ役になる。
おばけ役：すぐにすわってよい。

❸おばけ　～　うそさ

❶の動作を2回。

☆おばけ役は1名でも複数でもOKです。

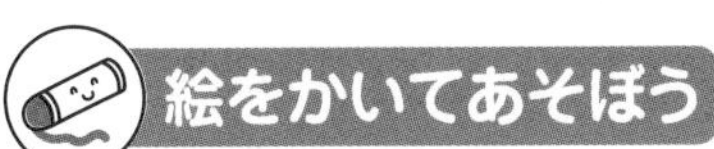

絵をかいてあそぼう

5番まで元気よく歌いながら10人（?）のおばけを描いてみよう。

☆描いた絵でペープサートをしてもいいですね。

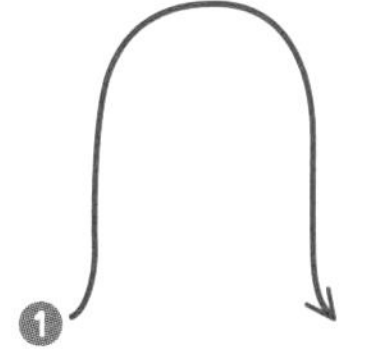

❶♪おばけなんてないさ

❷♪おばけ　なんて　❸うそ　さ

❹♪ねぼけた　❺ひとが

❻♪みまちがえたのさ

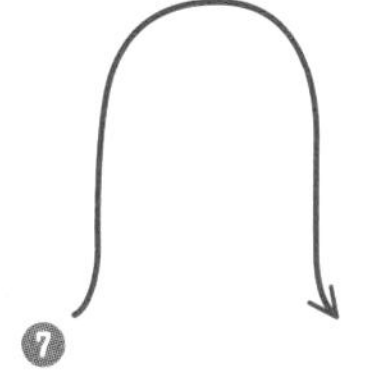

❼♪だけどちょっとだけど　ちょっと

❽♪ぼく　❾だって　❿こわいな

⓫♪おばけなんて　⓬ないさ

⓭♪おばけなんてうそさ

2~5歳児

アイスクリームのうた

作詞：佐藤義美　作曲：服部公一

音楽隊になって歩こう

ストップのところは絶対に動かないよ！

❶ (おと) ぎばなし　～　とおります

好きなところを6歩歩いてストップ。
この動作を10回。

❷ (プカ) プカドンドン　～　おいしいね

小太鼓・トランペット・フルート・指揮者など、好きな音楽隊のまねをしながら歩く。

❸ (アイ) スクリームは　たのしいね

両手を広げ、その場で素早くまわってから3回手拍子。

*2番以降、同じメロディーは1番と同じ動作。

<2番後半>

❹ (おと) ぎばなしの　～　アイスクリーム

❶の動作を3回。

❺ (アイ) スクリーム

しゃがんでから「ム」で立ち上がり、好きな音楽隊のポーズをとる。

❺は保育者が言った人数になってもいいね。

準備：2人組で向かい合い、手をつなぐ。

＜1番＞

❶（おと）ぎばなしのおうじでも

右足を出してからもどす動作を2回。次に左足で。

❷（むか）しはとてもたべられない

右・左・右・右・右にジャンプする。

❸（アイ）スクリーム　アイスクリーム

手を離してその場でまわってから、2回手合わせする。この動作を2回。

❹（ぼく）はおうじ　～　トロン　トロ

❶～❸と同じ。

❺（のど）をおんがくたいがとおります

4人組になり、手をつないで円になる。

❻（プカ）プカ　ドンドン　つめたいね

円の中心に向かって4歩歩き、両隣の人と3回手合わせ。

❼（ルラ）ルラ　ルラ　あまいね

4歩後ろに歩いて元の位置にもどり、両隣の人と3回手合わせ。

❽（チー）タカ　～　たのしいね

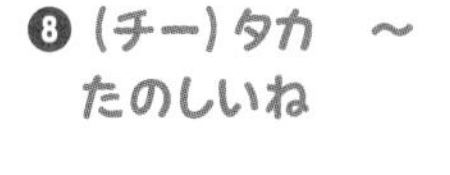

❻❼と同じ。

*2番以降、4人組で同じメロディーは1番と同じ動作。ただし❺で、全員で円になる。

＜2番後半＞

❾（おと）ぎばなしの　～　たべられない

❶❷と同じ。

❿（アイ）スクリーム　アイスクリーム

❸の動作を1回した後、2回目の「アイスクリー」で4回ジャンプしてから、最後の「ム」で両隣の人とたくさん手合わせする。

4月 5月 6月 7月 8月 日本のわらべうた&世界のこどもうた 今月のうた クラシック&ディズニー お話

3～5歳児

バナナのおやこ

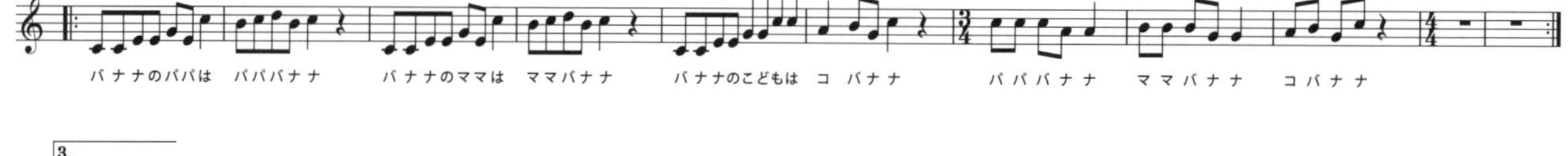

動かない&回転&ポーズであそぼう

❽はジャンプしないで素早くまわってもOK!

❶ちいさな　～　ゆられて

両手を頭の上で合わせて動かない。

❷ユラユラ

両手を広げて右左にゆれる。

❸バナナのおやこが　ユラユラ

❶❷と同じ。

❹12呼間

脇でリズムをとる。

❺バナナのパパは　パパバナナ

6回ジャンプでまわり、最後に腰に手をあてて、パパのポーズ。

❻バナナのママは　ママバナナ

ジャンプの後、両手をほほにあてて、ママのポーズ。

❼バナナのこどもは　コバナナ

ジャンプの後、両手の人差し指をほほにつけて片足を出し、子どものポーズ。

❽パパバナナ　ママバナナ　コバナナ

ジャンプで1回転してから、歌詞に合わせてそれぞれのポーズ（反対まわりも）。

❾8呼間　～　コバナナ

❹～❽の動作を2回。

❿そんなバナナ　～　ユラユラ

❶～❸と同じ。

⓫パパバナナ　～　コバナナ

❽と同じ。

3人組であそぼう

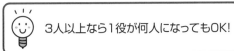

3人以上なら1役が何人になってもOK!

準備：3人組になり、パパ・ママ・子どもの役を決める。横1列になり、手をつなぐ。

☆それぞれの役は「動かない&回転&ポーズであそぼう」のポーズと同じ動作。

❶ちいさな　～　ゆられて

好きなところを歩く。

❷ユラユラ

右左にゆれる。

❸バナナのおやこが　ユラユラ

❶❷と同じ。

❹12呼間

脇でリズムをとりながら円になる。

❺バナナのパパは　パパバナナ

パパ役は6回ジャンプでまわり、ポーズをとる。
他の人は8回手拍子。

❻バナナのママは　ママバナナ

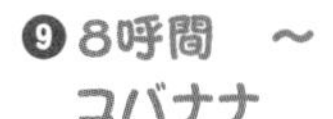

ママ役がジャンプ。
他の人は8回手拍子。

❼バナナのこどもは　コバナナ

子ども役がジャンプ。
他の人は8回手拍子。

❽パパバナナ　ママバナナ　コバナナ

パパ・ママ・子どもの順に、1回転してからポーズをとる。

❾8呼間　～　コバナナ

❹～❽の動作を2回。

❿そんなバナナ　～　ユラユラ

❶～❸と同じ。

⓫パパバナナ　～　コバナナ

❽と同じ。

早口言葉であそぼう

言えるようになったら、どんどん速くして動作も一緒につけよう。

☆「きいろい」「バナナ」の歌詞のところに、果物の色と名前を入れて、別の早口言葉をつくりましょう。

<例>　パパイヤ・キウイ・パイナップル・ドリアン
ココナッツ・グァバ・ヤシノミ　etc.

2〜5歳児

サモア島の歌

日本語詞：小林幹治　ポリネシア民謡

泳いであそぼう

❹❺はいろいろな泳ぎ方をしてみよう！

❶あおい　〜　とこなつだよ

胸の前で手を重ね、ひじを動かして波をつくるまねをする。

❷たかい　〜　たのしいしまよ

親指と人差し指を立てて、リズムに合わせて顔の横で手首を返す。

❸あおい　〜　たのしいしまよ

❶❷と同じ。

❹（かぜは）ふく　〜　なみまをゆく

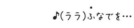

クロールのまねをする。

❺（ララ）ふなで　〜　みんなのこえが

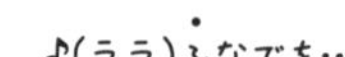

平泳ぎのまねをする。

❻おいかける

片手を上げて鼻をつまみ、上から下へと潜るまねをして「る」で浮かび上がる。

まわしてあそぼう

首・肩・腰・ひざの他に、手首や足首もまわしてあそぼう！

❶あおい　～　とこなつだよ

首を右左に4回曲げてから、2回まわす（反対まわりも）。

❷たかい　～　たのしいしまよ

肩を4回上下してから、2回まわす（反対まわりも）。

❸あおい　～　とこなつだよ

腰を右左に4回振ってから、2回まわす（反対まわりも）。

❹しろい　～　しまよ

ひざを右左に4回振ってから、2回まわす（反対まわりも）。

❺（かぜは）ふく　～　ゆく

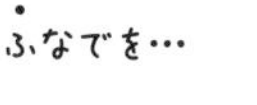

手を広げてその場でまわり、手を体に巻き付ける。この動作を4回（反対まわりも）。

❻（ララ）ふなで　～　おいかける

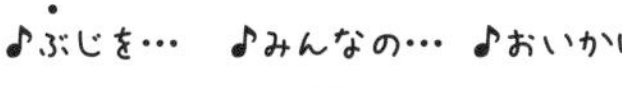

4呼間ずつで、首・肩・腰・ひざの順にまわした後、手を上げる。

2人組であそぼう

手拍子が増えて難しいときは、手合わせ1回・手拍子1回・手合わせ1回・手拍子2回をくり返そう。

準備：2人組で向かい合う。

❶あおいあおい　そらだよ

手拍子1回・手合わせ1回。この動作を2回。

❷くものない　そらだよ

手拍子1回・手合わせ2回。この動作を2回。

❸サモアのしま　とこなつ

手拍子1回・手合わせ3回。この動作を2回。

❹だよ

手拍子1回・手合わせ4回。この動作を2回。

❺たかい　～　たのしいしまよ

❶～❹と同じ。

❻（かぜは）ふく　しずかなうみ

手をつなぎ、背伸びしてからしゃがむ。

❼とりがとぶとぶ　なみまをゆく

その場でまわる。

❽（ララ）ふなでを　～　おいかける

❶～❹の動作をしてから、手を上げる。

2～5歳児

大きなうた

作詞・作曲：中島光一

※原詞は7番までありますが、ここでは3番までを使用しています。

全身でまねっこしてあそぼう

❷の手拍子のところで、肩やひざなど好きなところをたたいて変化させよう。

☆保育者の動作を見てから子どもたちがまねをします。

❶おおきな（おおきな）

保：両手を広げてその場で素早くまわる。
子：同じ動作。

❷うただよ（うただよ）

保：4回手拍子。
子：同じ動作。

❸あのやまの　～　うただよ

❶❷を3回。

列であそぼう

❷で向かい合って手合わせする人を確認してからはじめよう。

準備：横2列で向かい合い、手をつなぐ。

❶おおきな（おおきな）

中心に向かって歩いて近づく。

❷うただよ（うただよ）

4回手拍子、前の人と4回手合わせ。

❸あのやまの　～　（むこうから）

元の位置にもどって、4回手拍子、両隣の人と4回手合わせ。

❹きこえて　～　うただよ

❶～❸と同じ。

友だちのまねっこをしよう

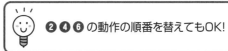

❷❹❻の動作の順番を替えてもOK!

準備：2人組でABを決める。　☆追いかけっこでまねをしながら踊ります。

<1番　Aが先行>

❶A おおきな　B（おおきな）

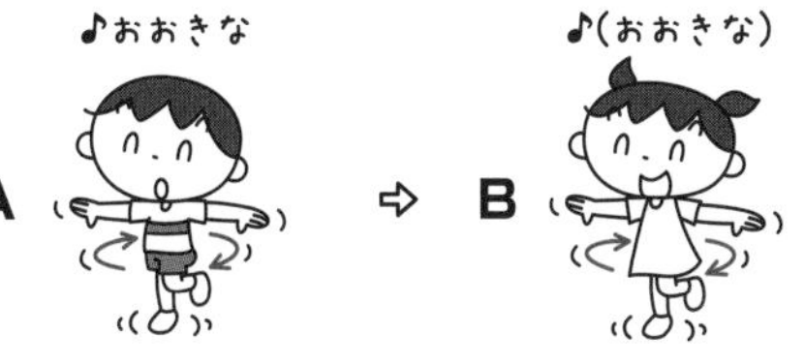

A：両手を広げて、素早くまわる。

B：Aの動作を見てから、まねする。

❷A うただよ　B（うただよ）

A：4回手拍子。

B：Aの動作を見てから、まねする。

❸Aあのやまの　B（あのやまの）

❶と同じ。

❹A むこうから　B（むこうから）

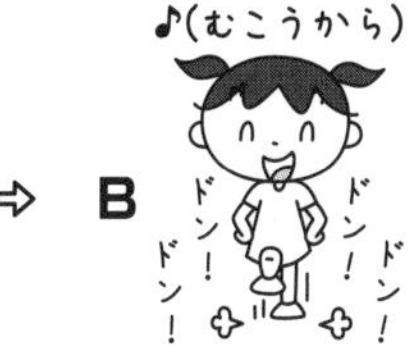

A：足踏みする。

B：Aの動作を見てから、まねする。

❺A きこえて　B（きこえて）

❶と同じ。

❻A くるだろう　B（くるだろう）

A：首を右左に2回振る。

B：Aの動作を見てから、まねする。

❼A おおきな　B（ーーーー）

❶と同じ。

❽A うただよ　B（ーーーー）

A：同時に❷❹❻の動作（手拍子・足踏み・首振り）。

B：Aの動作を見てから、まねする。

<2番　Bが先行>

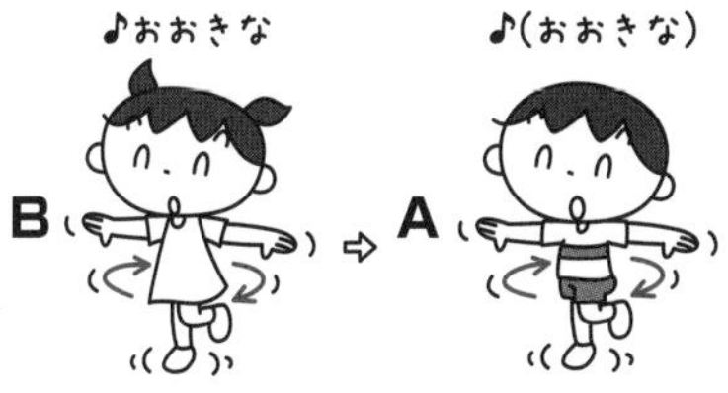

1番と同じ動作（❶～❽）。

<3番　AB同時>

❾おおきな（おおきな）

両手を広げてその場でまわる。

❿ゆめだよ（ゆめだよ）

8回手合わせする。

⓫このぼくの　～　（このむねに）

❾の動作の後、手をつないで足踏みする。

⓬いっぱい　～　（ひろがる）

❾の動作の後、手をつないで首を右左に振る。

⓭おおきな　ゆめだよ

❾の動作の後、手合わせ・足踏み・首振りを同時にする。

3〜5歳児

そうだったらいいのにな

作詞：井出隆夫　作曲：福田和禾子

☆＿＿＿＿には、自分の好きなおまじないの言葉を入れましょう。

休符から始まる曲なので、手拍子してから歌いだそう。

❶ そうだったら　〜　いいのにな

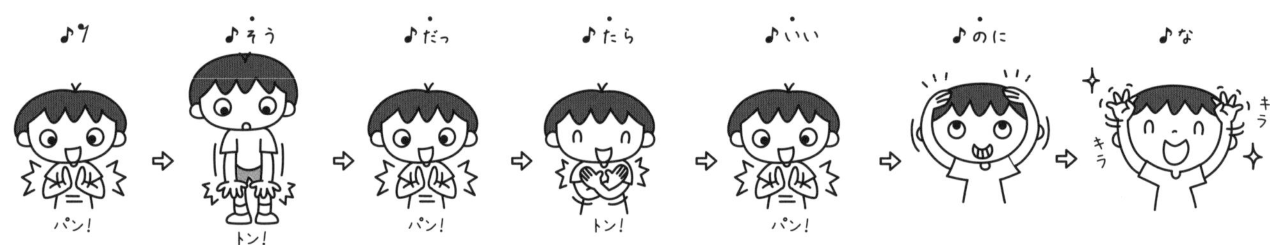

手拍子・ひざ・手拍子・クロスして肩・手拍子・頭をたたく。「な」で両手を頭の上でキラキラさせる。この動作を2回。

❷ うちのおにわがジャングルで　〜　ライオンだ

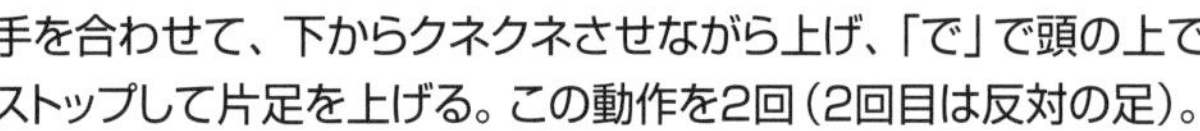

手を合わせて、下からクネクネさせながら上げ、「で」で頭の上でストップして片足を上げる。この動作を2回（2回目は反対の足）。

❸ そうだったら　〜　いいのにな

❶ と同じ。

2人組であそぼう

人数を増やして円でやってみよう！　手合わせは両隣の人とね。

準備：2人組で向かい合う。

❶ そうだったら　～　いいのにな

手拍子・右手合わせ・手拍子・左手合わせ。次に手拍子・両手合わせを1回ずつ。「な」はたくさん手合わせ。この動作を2回。

❷ うちのおにわがジャングルで　～　ライオンだ

手をつないでその場でまわり「で」でしゃがむ。この動作を2回。

❸ そうだったら　～　いいのにな

❶と同じ。

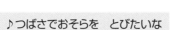

夢を歌おう

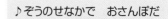

参観日などに保護者の前で歌ったら素敵だね。

☆「そうだったらいい」ことを、子どもたちと一緒に考えてみましょう。

<例>

♪イルカといっしょに　およぎたい

♪つばさでおそらを　とびたいな

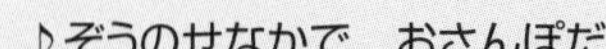

♪ぞうのせなかで　おさんぽだ

☆自分の夢を絵に描いて発表しましょう。「そうだったら～」はみんなで一緒に歌います。

♪そうだったらいいのにな…

3〜5歳児

山のごちそう

日本語詞：阪田寛夫　オーストリア民謡

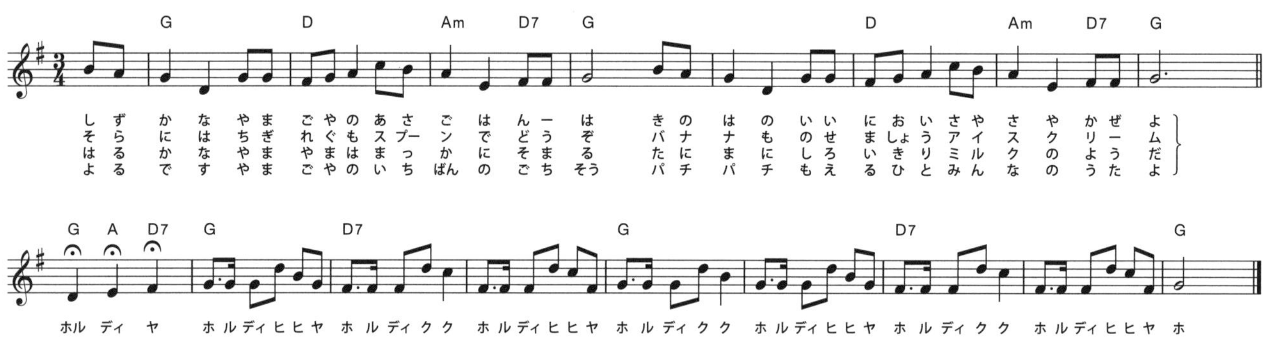

慣れてきたらテンポを速くしてあそぼう。

❶（しず）かなやまごやの　あさごはんは

❷（きの）はの　〜　かぜよ

❸ホルディヤ

指を1本、2本、3本と増やしていきながら、9まで出し「は」で10本の指で拍手する。

❶と同じ。

両手をブラブラさせる。

❹ホルディヒヒヤ　〜　ホルディクク

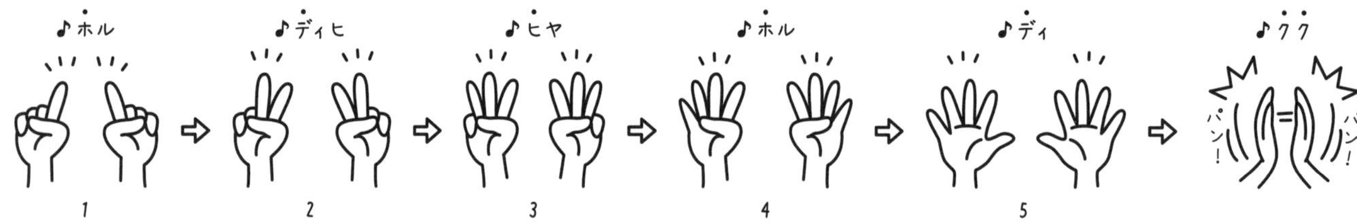

両手の指を1〜5本まで出し「クク」で2回手拍子する。この動作を3回。

❺ホルディヒヒヤホ

❹の動作のように3本まで出してから、最後の「ホ」で拍手する。

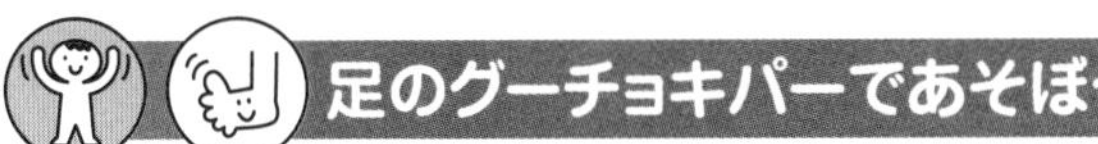

足のグーチョキパーであそぼう

グー・チョキ・パーの順番を変えてやってみよう。

❶（しず）かな　～　かぜよ

足でグー・チョキ・パーを3回つくり「は」でたくさん足踏みする。この動作を2回。

❷ホルディヤ

素早くひざをたたく。

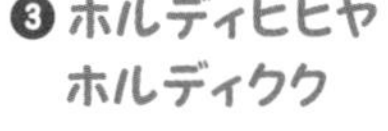

❸ホルディヒヒヤ
ホルディクク

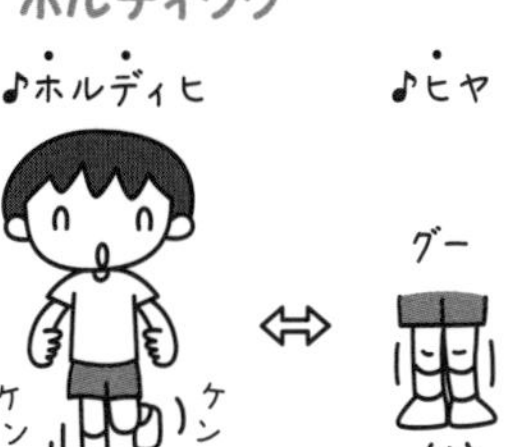

ケンケン・グーを2回。

❹ホルディヒヒヤ
ホルディクク

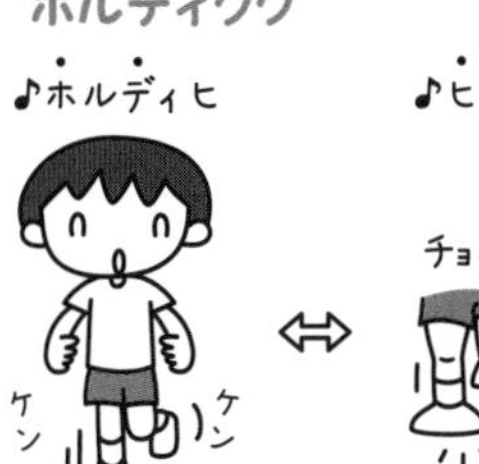

ケンケン・チョキを2回。

❺ホルディヒヒヤ
ホルディクク

ケンケン・パーを2回。

❻ホルディヒヒヤホ

ケンケンケンの後「ホ」でグー・チョキ・パーの中から好きなポーズをとる。

☆最後は保育者や子ども同士でじゃんけん勝負をしてもいいですね。

円であそぼう

三拍子のリズムをよく感じて歩こう！

準備：円になり、手をつなぐ。

❶（しず）かなやまごやの
あさごはんは

円の中心に向かって歩く。

❷（きの）はのいいにおい
さやさやかぜよ

元の位置へもどる。

❸ホルディヤ

素早く足踏みする。

❹ホルディヒヒヤ　～　ホルディクク

右にギャロップし「クク」でストップする。この動作を3回。

❺ホルディヒヒヤホ

手を離し、ひざ・肩をたたいて手拍子してから、両手を頭の上でキラキラさせる。

3〜5歳児

ゆかいな牧場

日本語詞：小林幹治　アメリカ民謡

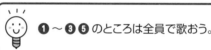

❶〜❸❺のところは全員で歌おう。

準備：6組に分かれて、6種類の楽器をそれぞれ持つ。　1〜6番まで❶〜❸❺の動作は共通。

<1番>　いちろうさん組（鈴）

❶いちろうさんのまきばで

脇でリズムをとる。

❷イーアイ　イーアイ　オー

右手を3回振り上げる。

❸おや　〜　オー

❶❷と同じ。

❹（ほら）チッチッチッ　〜　チッチ

このリズムをたたく。

❺いちろうさんの　〜　オー

❶❷と同じ。

2番以降、❹はそれぞれの歌詞に合わせて楽器を鳴らす。

<2番>
じろうさん組

パン！
パン！

タンバリン

<3番>
さぶろうさん組

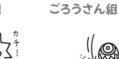

バチ2本
（または木製しゃもじ）

<4番>
しろうさん組

カスタネット

<5番>
ごろうさん組

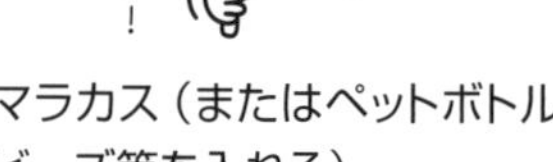

マラカス（またはペットボトルにビーズ等を入れる）

<6番>
ろくろうさん組

トライアングル

他の国の言葉を入れてあそびながら、外国語を覚えよう。

♪世界の言葉で　お返事しよう
♥はじめは　日本語　お返事しよう　ほら　はいはいはい　ほら　はいはいはい　あっちもこっちも　どこでも　はいはい
世界の言葉で　お返事しよう

「楽器であそぼう」と同じ動作（❶～❸❺）。2番以降、♥の歌詞を「次は　○○語　お返事しよう　ほら　△△△・・・」に替えて、○○にいろいろな言語を入れる。❹の歌詞と動作を下記のように変化させて増やしていく。

＜1番（日本語）はい＞

♪はいはいはい…

手拍子する。（日本語）

＜2番（英語）Yes（イエス）＞

♪イエスイエスイエス…

♪はい…

両ひじを上げ下げする。（英語→日本語）

＜3番（フランス語）Oui（ウイ）＞

♪ウイウイウイ…

♪イエス…

♪はい…

両肩を上げ下げする。（フランス語→英語→日本語）

＜4番（ドイツ語）Ja（ヤー）＞

♪ヤーヤーヤー…　♪ウイ　♪イエス…　♪はい…

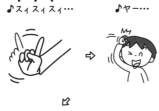

片手で頭をたたく。
（ドイツ語→フランス語→英語→日本語）

＜5番（中国語）是（スィ）＞

♪スィスィスィ…　♪ヤー…

片手で人差し指を右左に振る。
（中国語→ドイツ語→フランス語→英語→日本語）

＜6番（韓国語）네（ネ）＞

♪ネネネ…

首を右左に振る。
（韓国語→中国語→ドイツ語→フランス語→英語→日本語）

発表会に発展させよう

奥行きのない会場では、下がるときに右左に移動するなどに変えてみよう。

準備：「楽器であそぼう」の6組に分かれて、6種類の楽器をそれぞれ持つ。

☆前奏・間奏でそれぞれのグループが楽器を持って入場します。演奏の準備ができるように間奏の長さをピアノで調節しましょう。
入場後、それぞれのグループが「楽器であそぼう」の❶～❸❺と同じ動作。
❹の「ほらチッチッチ～」からは、歌いながら同じリズムのとり方で楽器演奏します。2番以降は下記のように、順番に音を加えて重ねましょう。

ⓘいちろうさん組
Ⓙじろうさん組
ⓢさぶろうさん組
ⓛしろうさん組
ⓖごろうさん組
ⓡろくろうさん組

前奏　ⓘが入場。
1番　ⓘが歌いながら演奏（以下略）。
間奏　Ⓙが入場（ⓘが下がる）。
2番　Ⓙのみ→Ⓙⓘが一緒。
間奏　ⓢが入場（Ⓙが下がる）。
3番　ⓢ→ⓢⒿ→ⓢⒿⓘ
間奏　ⓛが入場（ⓢが下がる）。
4番　ⓛ→ⓛⓢ→ⓛⓢⒿ→ⓛⓢⒿⓘ
間奏　ⓖが入場（ⓛが下がる）。
5番　ⓖ→ⓖⓛ→ⓖⓛⓢ→ⓖⓛⓢⒿ→ⓖⓛⓢⒿⓘ
間奏　ⓡが入場（ⓖが下がる）。
6番　ⓡ→ⓡⓖ→ⓡⓖⓛ→ⓡⓖⓛⓢ→ⓡⓖⓛⓢⒿ→ⓡⓖⓛⓢⒿⓘ（全員）

0・1歳児

ちょちちょちあわわ

わらべうた

ちょ ち ちょ ち あ わ わ かい ぐ り かい ぐ り とっ と の め お つ む てん てん ひ じ ぽん ぽん

基本のあそび方

❻は「おなかぽんぽん」や「むねぽんぽん」など、体のいろいろなところに替えてもOK!

準備:保育者と子どもで向かい合う。

♪ちょちちょち
パン!
パン!

保育者と子どもが一緒にあそぶ。

❶ちょちちょち

♪ちょちちょち

2回手拍子。

❷あわわ

♪あわわ

口に手をあてる。

❸かいぐりかいぐり

グル
グル

かいぐりする。

❹とっとのめ

♪とっとのめ

右の人差し指で、
左の手のひらを3回つつく。

❺おつむてんてん

♪おつむてんてん

頭に両手をあてて
「てんてん」で2回たたく。

❻ひじぽんぽん

♪ひじぽんぽん

右手を左手のひじにあてて
「ぽんぽん」で2回たたく。

♪いないいない
♪ばあ

☆歌おわりに「いないいないばあ」をしても楽しいです。

スキンシップであそぼう

子どもの様子を見ながらゆったりと。

準備:子どもをひざの上にのせて、子どもの手を持つ。

「基本のあそび方」と同じ動作。

♪ちょちちょち
パン!
パン!

♪あわわ

♪かいぐり…
ぐる
ぐる

0〜2歳児

いっぽんばしこちょこちょ

わらべうた

基本のあそび方

❺で「また下りて」と、数回くり返しても楽しいよ。

準備：子どもの手のひらを上にして、保育者が左手（利き手と反対の手）で持つ。

❶いっぽんばし

子どもの手のひらを保育者が右の人差し指でなぞる。

❷こちょこちょ

子どもの手のひらをくすぐる。

❸たたいて

子どもの手を2回たたく。

❹つねって

子どもの手をつねるまねをする。

❺かいだんのぼって

人差し指と中指を交互に歩くように動かし、子どもの手から脇の下へと上る。

❻こちょこちょ

子どもの脇の下をくすぐる。

＜寝転がりver.＞

準備：子どもを仰向けに寝かせる。

❶いっぽんばし　こちょこちょ

足を伸ばすようにさわってからくすぐる。

❷たたいて　つねって

おなかをたたいてからいろいろな場所を軽くつまむ。

❸かいだん　〜　こちょこちょ

人差し指と中指を交互に足から脇の下へ上ってくすぐる。

0〜3歳児

げんこつやまのたぬきさん

わらべうた

基本のあそび方

じゃんけんはあいこでもOK。

☆保育者と、または子ども同士であそびましょう。

❶ げんこつやまの　たぬきさん

両手をグーにし、7回打ち合わせる（上下を入れ替えてもよい）。

❷ おっぱいのんで

口の前で両手を2回開閉する。

❸ ねんねして

手を合わせ、右左の順にほほにつける。

❹ だっこして

両手で抱っこのまねをする。

❺ おんぶして

両手を後ろにしておんぶのまねをする。

❻ またあした

かいぐりしてから「た」でじゃんけんする。

スキンシップであそぼう

最後に「いないいないばあ」をしてもいいね。

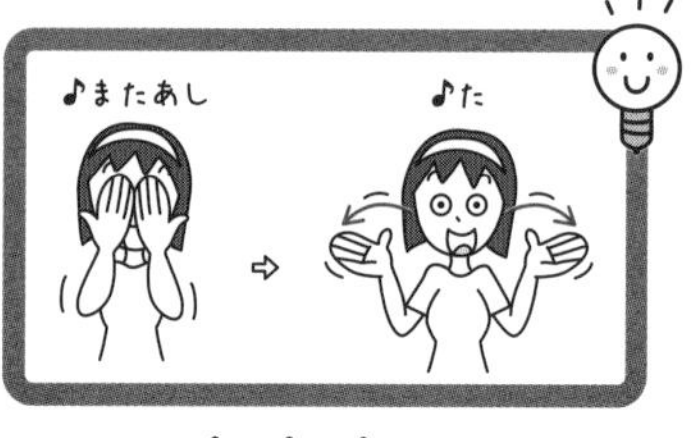

準備：子どもをひざの上にのせて、子どもの手を持つ。

「基本のあそび方」と同じ動作。

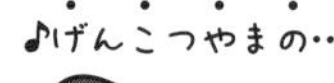

☆じゃんけんできない年齢は❻で保育者がほっぺや鼻などにやさしく触れるとよいでしょう。

0〜5歳児

あがりめさがりめ

わらべうた

※地域によって歌詞が異なります。

最後に顔を近づけても楽しい！

準備：人差し指を目じりにあてる。

❶ あがりめ

目じりを上げる。

❷ さがりめ

目じりを下げる。

❸ ぐるりとまわって

目じりをまわす。

❹ ねこ（にゃんこ）のめ

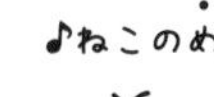

目じりを横にひっぱり、
ねこの目のようにする。

ねんねの赤ちゃんにもOK！

準備：保育者の足の上に、向かい合わせるように子どもをのせる。

「基本のあそび方」と同じ動作。
子どもの目じりに指をあてて優しく動かす。

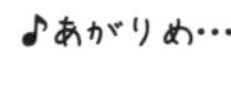

♪さがりめ…

いろいろな目であそぼう

他にどんな目ができるかな？お気に入りの目をつくろう。

「基本のあそび方」と同じ動作。❹ の動作を替え歌にしてあそぶ。

<例>

あっかんべー

指で目じりを横にひっぱり、舌を出す。

おどろいた

親指と人差し指で目を開く。

ねむった

両手で目を隠す。

おちゃらか

わらべうた

※地域によって歌詞が一部異なります。

準備：2人組で向かい合い、手をつなぐ。

「おちゃらか　ホイ～」のくり返しをどんどんスピードアップさせていこう。

❶ せっせっせの　よいよいよい

手を3回上下してから、クロスして3回上下。

❷ おちゃらか　～　おちゃらか

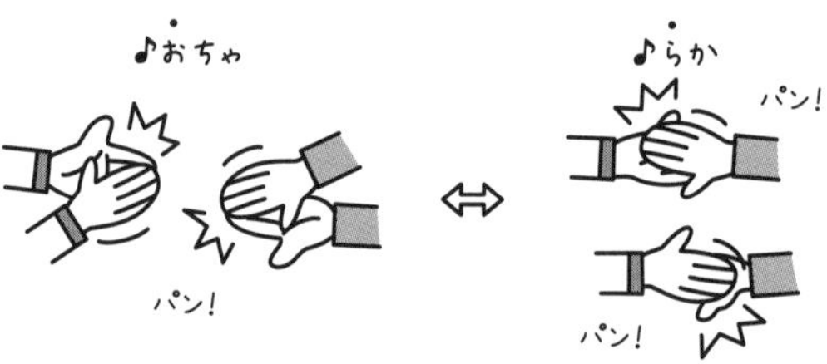

自分の左手を1回たたいてから、相手の左手をたたく。この動作を3回。

❸ ホイ

じゃんけんする。

❹ おちゃらか

❷の動作を1回。

❺ かったよ（まけたよ・どうじで）

両手を上げる。

頭と両手を下げる。

腰に両手をあてる。

❻ おちゃらか　ホイ

❹❸と同じ。

この後、❹～❻をくり返す。

動作を変えてあそぼう

3人組にも挑戦しよう。「ホイ」でグーチョキパーが出たら、❺は「ちがうよ」と歌いながら手を振ろう。

「基本のあそび方」と同じ動作。❺の動作を下記のように変化させる。

❺ かったよ（まけたよ・どうじで）

左手は腰、右手でピースを出す。

泣くまねをする。

腕を組む。

3〜5歳児

おてらのおしょうさん

わらべうた

 基本のあそび方

❷〜❹を友だちの手と合わせてつくってもいいね。

準備：2人組で向かい合う。

❶おてらの　〜　まきました

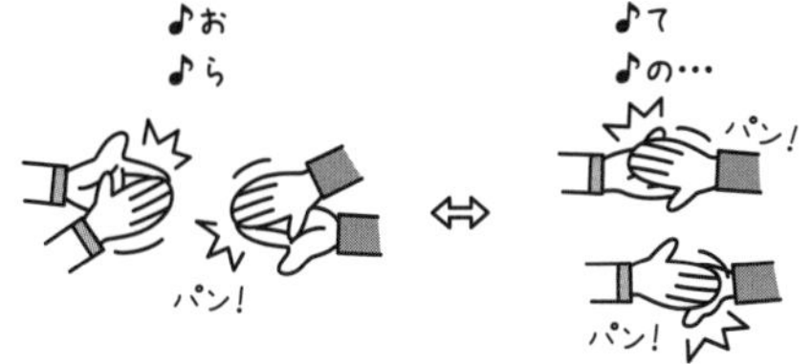

左頁「おちゃらか」の❷と同じ。この動作を10回。

❷めがでて

自分の両手を合わせる。

❸ふくらんで

手をふくらませる。

❹はながさいたら

手で花のような形をつくる。

❺じゃんけんぽん

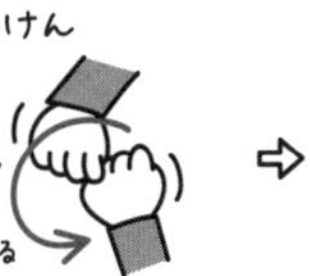

かいぐりしてから「ぽん」でじゃんけんする。

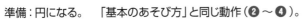

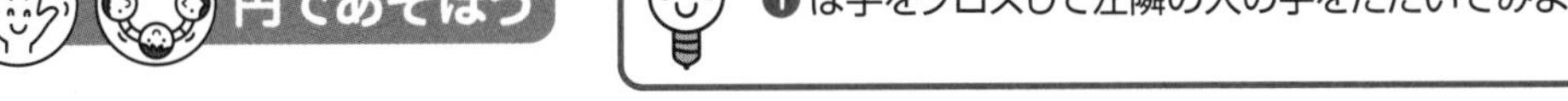 円であそぼう

❶は手をクロスして左隣の人の手をたたいてみよう。

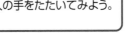

準備：円になる。　「基本のあそび方」と同じ動作（❷〜❹）。

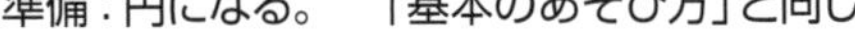

❶おてらの　〜　まきました

1回手拍子してから、右手で右隣の人の左手のひらをたたく。
この動作を10回。

❺じゃんけんぽん

かいぐりしてから、保育者とじゃんけんする。

3~5歳児

ちゃちゃつぼ

わらべうた

ちゃ ちゃ つ ぼ ちゃ つ ぼ ちゃ つ ぼ にゃ
ふ た が な い そ こ を とっ て ふ た に し ろ

基本のあそび方

チャレンジ！　手のひらをあてる動作を素早く2回ずつやってみよう。

❶ちゃ

左手をグーにして、右手のひらを上にあてる。

❷ちゃ

左手はそのままで、右手のひらを返して下にあてる。

❸つ

右手をグーにして、左手のひらを上にあてる。

❹ぼ

右手はそのままで、左手のひらを返して下にあてる。

❺ちゃつぼ　～　ふたにしろ

❶～❹の動作を4回した後、❶～❸の動作をしてストップ。

全身であそぼう

❷の手拍子を手合わせにすると、2人組や円でもあそべるよ。

❶ちゃ

しゃがんで床に両手をつく。

❷ちゃ

立って1回手拍子。

❸つ

両手を上げる。

❹ぼ

❷と同じ。

❺ちゃつぼ　～　ふたにしろ

❶～❹の動作を4回した後、❶❷の動作をしてから両手を頭にあてる。

4・5歳児

なべなべそこぬけ

わらべうた

基本のあそび方

❷が難しいときは、手を離してやってみよう！

準備：2人組で向かい合い、手をつなぐ。

❶ なべなべそこぬけ

右左に4回ゆれる。

❷ そこがぬけたら かえりま

大きく弾みをつけて、片側の腕を上げてくぐる。

❸ しょう

背中合わせになる。

❹ なべなべ ～ かえりましょう（2回目）

背中合わせで❶～❸をして、元にもどる。

円であそぼう

参観日や遠足などで保護者と一緒にあそぶと盛り上がるよ。

準備：円になり、手をつなぐ。

＜3人組ver.＞

❶ なべなべ そこぬけ

手を前後に4回ゆらす。

❷ そこがぬけたら かえりましょう

2人が手を上げてトンネルをつくり、残りの1人がその間をくぐって、全員後ろ向きになる。

❸ なべなべ ～ かえりましょう（2回目）

同じようにして、後ろ向きで元のトンネルをくぐってもどる。

＜8人組ver.＞

❶ なべなべそこぬけ

手を前後に4回ゆらす。

❷ そこがぬけたら かえりましょう

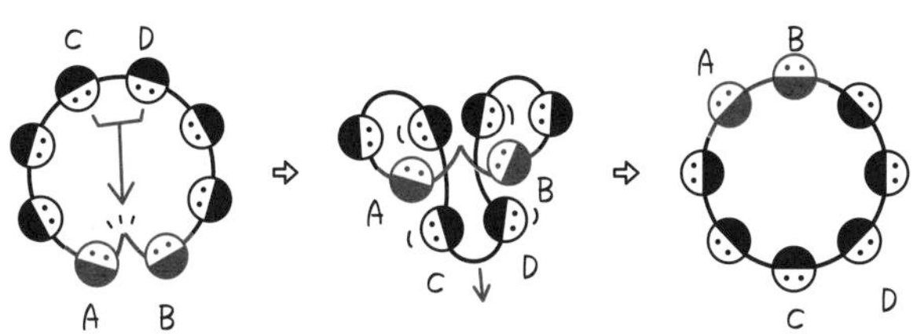

一か所の2人（AB）が手を上げてトンネルをつくり、正面の2人（CD）からくぐり始め、後ろ向きの円になる。

❸ なべなべ ～ かえりましょう（2回目）

同じようにして、後ろ向きで元のトンネルをくぐってもどる。

4・5歳児

とおりゃんせ

わらべうた

とお りゃん せ とお りゃ ん せ こ こ は ど こ の ほ そ み ち じゃ てん じん ーさ ま の ほ そ み ち じゃ

ちょっ と とお し て く だしゃん せ ご ようの な い も の とおしゃせ ぬ こ の こ の な な つ の お い わ い に お ふ だ を

お さ め に まい り ま す い き は よい よい かえりは こ わ い こ わ い な が ら も と お りゃ ん せ とおりゃん せ

基本のあそび方

テンポを遅くしたり速くしたり、怖い声で歌ったり、いろいろなアレンジをして歌おう。

準備：門番役を2人または何組か決めて、両手をつないで門をつくる。他の人は手をつなぐ。

♪とおりゃんせ とおりゃんせ…
門番役
門番役

とおりゃんせ！
うわっ

門番役の門の下を、歌い終わるまで何度もくぐる。
歌い終わりの「せ」で門番役が両手を下ろし、くぐった人を捕まえる。
捕まった人は門番役と交代し、あそびをくり返す。

まりであそぼう

リズムを感じながらまりをつこう。

準備：まりを持つ。

❶とおりゃんせ ～ まいります

♪とおりゃんせ
♪とおりゃんせ
♪ー

7回まりをついたら、片足を上げてまりをくぐらせる。この動作を7回。

❷いきは ～ こわいながらも

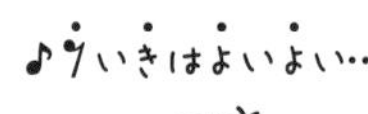
♪いきはよいよい…

12回まりをつく。

❸とおりゃんせ

3回まりをつき、4回目にくぐらせる。

❹とおりゃんせ

キャッチ

2回まりをつき、3回目で弾ませてからキャッチする。

4・5歳児

あぶくたった

わらべうた

あ ぶ く たっ た に え たっ た
に え た か どう だ か
た べ て み よう む しゃ む しゃ む しゃ
ま だ に え ない
も う に え た

※この後のあそび言葉は、地域によって異なります。

基本のあそび方

鬼とのやりとりや、いろいろな動作を考えて増やしていこう。

準備：鬼を1人決める。他の人は円になる。

❶ あぶくたった　にえたった

♪あ～ぶくたった
にえたった…

鬼は円の中心にしゃがんで両手で目を隠す。他の人は、手をつないで鬼のまわりをまわる。

❷ にえたか　～　まだにえない

ムシャ
ムシャ
ムシャ

円の中心に入り、両手で食べるまねをする。

❸ あぶくたった　～　もうにえた

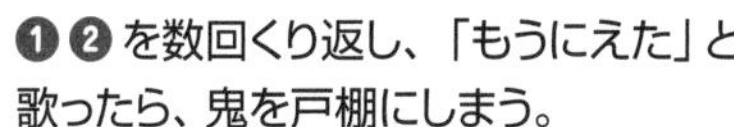

❶❷を数回くり返し、「もうにえた」と歌ったら、鬼を戸棚にしまう。

<例1>
戸棚にしまって　カギをかけて　ガチャガチャガチャ
ご飯を食べて　もぐもぐもぐ
お風呂に入って　ゴシゴシゴシ
お布団入って　もう寝ましょう
（それぞれの言葉を言いながら動作をつける）

ガチャ
ガチャ
ガチャ
ガチャ
ガチャ
もう ねましょう
zzz…
zzz…

この後は、鬼とのやりとりをする（言葉や掛け合いをくり返してあそぶ）。

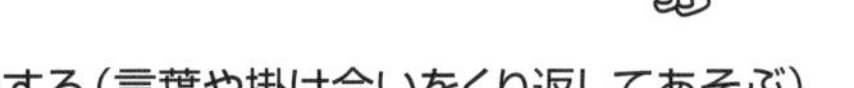

<例2>
鬼「トントントン」（戸をたたくまねをする）
子「何の音？」（耳に手をあてる）
鬼「風が吹いた音」
子「ああ、よかった」
鬼「トントントン」
子「何の音？」
鬼「虫が飛んだ音」
子「ああ、よかった」
鬼「トントントン」
子「何の音？」
鬼「おばけの音！」

トントントン
なんのおと？

鬼の「おばけの音」をきっかけに鬼ごっこをする。鬼に捕まった人は次の鬼となり、始めからあそびを続ける。

おばけのおと！
キャ～
キャ～！
にげろ～

☆始めから複数の鬼であそんだり、捕まった人がどんどん鬼になって増えていってもあそべます。

3〜5歳児

ABC Song（エイビーシー・ソング）

外国曲

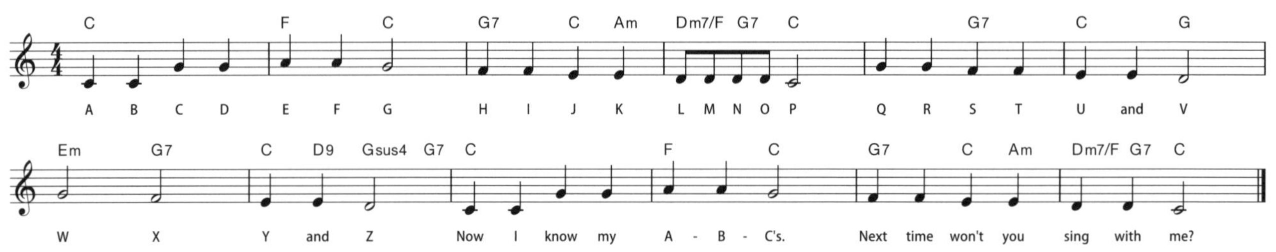
C F C G7 C Am Dm7/F G7 C G7 C G
A B C D E F G H I J K L M N O P Q R S T U and V
Em G7 C D9 Gsus4 G7 C F C G7 C Am Dm7/F G7 C
W X Y and Z Now I know my A - B - C's. Next time won't you sing with me?

※「きらきら星」のメロディーと同じです。「Now I 〜」はいろいろな歌詞があります。

泳いであそぼう

水泳の個人メドレーのように、バタフライ→背泳ぎ→平泳ぎ→クロールのそれぞれの動作の最後でターンのように向きを変えてみよう。

☆いろいろな泳ぎ方をしながら、歩いて進みましょう。

❶ABCDEFG
♪ABCDEFG
バタフライで進む。

❷HIJKL MNOP

♪HIJKLMNOP
ぐる
ぐる
背泳ぎで進む。

❸QRSTU and V

♪QRSTU and V
平泳ぎで進む。

❹WXY and Z

♪WXY and Z
クロールで進む。

❺Now I 〜 Sing with me?

好きな泳ぎ方で進む。

2人組であそぼう

複数人で円になり、❶❸は隣の人にお手玉を渡してあそんでみよう。

準備：お手玉をひとり1つ持ち、向かい合ってすわる。

☆お手玉を交換するときは相手のひざに投げ込むと簡単です。

❶ABCDEFG HIJKLMNOP

♪ABCD
♪EFG…
トントン
トントン
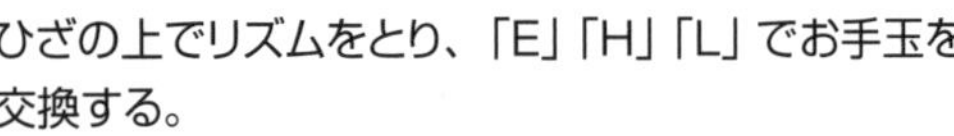
ひざの上でリズムをとり、「E」「H」「L」でお手玉を交換する。

❷QRSTU and V WXY and Z

♪QRST
パン!
4呼間で、上に投げ手拍子1回。
次に手拍子を2回、3回、4回と増やしていく。

❸Now I 〜 Sing with me?

❶と同じ。

4・5歳児

Sunday Monday Tuesday
（サンデイ・マンデイ・チューズデイ）

外国曲

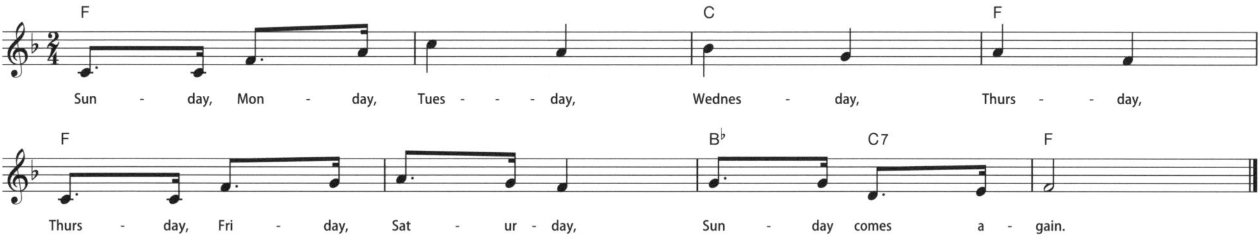

列であそぼう

まずは全員でたくさん歌おう！　はじめはゆっくりのテンポで！

準備：横1列に並んですわる。

☆全員が移動するまでこの曲をくり返します。

❶ Sunday, ～ Saturday,

端の人が立ち「Sunday」を歌ったら反対の端まで走り、すわる。順に歌いながら同じ動作をする。

❷ Sunday comes again.

全員で歌いながら4回手拍子する。

替え歌で今日を歌おう

「Hope you have a Wonderful day」のところは、日本語で「今日も1日たのしくね」と歌ってもいいね！

☆曜日の歌詞のところは、その日の曜日を入れて歌います。

♪Today is Friday, Friday, Friday,
Friday, Hope you have a Wonderful day.

3~5歳児

BINGO(ビンゴ)

外国曲

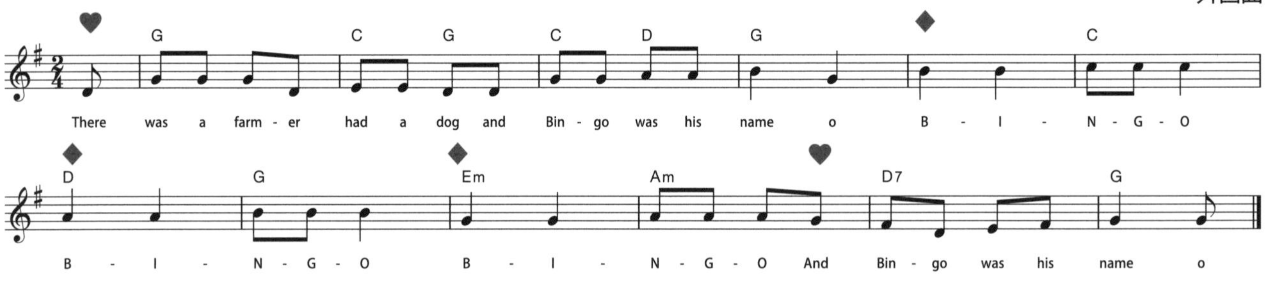

 基本のあそび方

♥と◆の手拍子以外は歌おう。
慣れてきたらスピードアップしてあそぼう。

<1回目>

歌う。

<2回目>

「B」だけ手拍子。

<3回目>

「BI」だけ2回手拍子。

<4回目>
「BIN」だけ3回手拍子。

<5回目>
「BING」だけ4回手拍子。

<6回目>
「BINGO」を5回手拍子。

全身であそぼう

はじめは手だけであそぼう。

❶♥(There) was ~ name-o.

❷◆B-I-N-G-O B-I-N-G-O B-I-N-G-O

❸♥(And) ~ name-o.

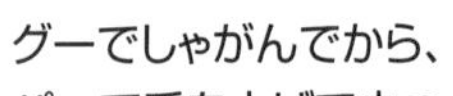
グーでしゃがんでから、
パーで手を上げて立つ。この動作を4回。

「基本のあそび方」と同じ。

かいぐりしながらその場でまわり
「o」で両手を前に出す。

 楽器であそぼう

鳴らす順番を変えてみよう。

準備:5種類の楽器。

♥は全員で歌う。
◆は5つの楽器に
分かれて楽器を鳴らす。
(マークは楽譜参照)

カスタネット

鈴

タンバリン

トライアングル

マラカス

2〜5歳児

Mary Had A Little Lamb
（メリー・ハド・ア・リトル・ラム）

外国曲

寝転んであそぼう

フレーズごとに反対まわりも入れてみよう。

準備：仰向けに寝て、両手を頭の上で合わせる。

ゴロゴロと転がり
「snow」でピタッと止まる。

うつ伏せであそぼう

腕の力だけで進んでみよう。

準備：両手を伸ばし、うつ伏せになる。

手足を使って、伸びたり縮んだりをくり返し
「snow」でピタッと止まる。

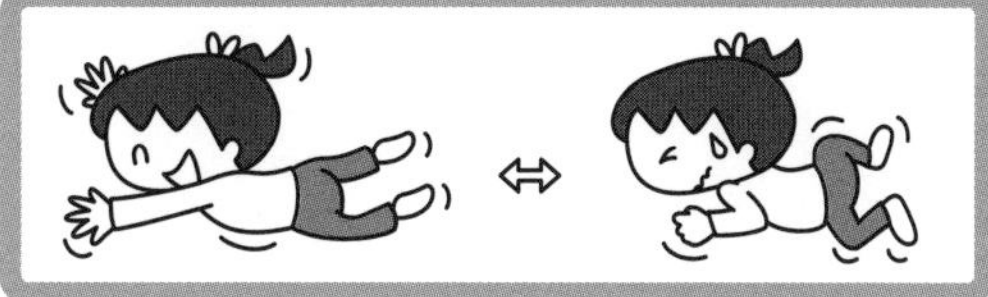

絵をかいてあそぼう

頭と体のモコモコは円でもいいよ。

☆日本語の歌詞も入れてあります。

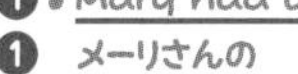
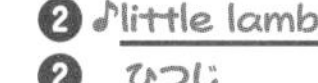

❶ ♪Mary had a　❶ メーリさんの
❷ ♪little lamb.　❷ ひつじ
❸ ♪little lamb.　❸ メエ メエ
❹ ♪lit tle lamb.　❹ ひ つ じ
❺ ♪Mary had a little lamb.Its　❺ メーリさんの ひつじー
❻ ♪fleece was white as　❻ まっ し ろ
❼ ♪snow.　❼ ね
❽ 𝄾　❽ 𝄾

2~5歳児

CD 01 ふしぎ色のプレゼント

作詞:飯島利枝子　作曲:なわまこと　編曲:藤尾 領

◆Wow Wow Wonder (Wow Wow Wonder)
むねがときめく　しあわせなよかん
Wow Wow Wonder (Wow Wow Wonder)
いつも　あえるね　いっしょだね

うまれたての　すてきがいっぱい
わくわく　どきどき　いっぱい
すきってこころは　どこからくるの
いまってじかんは　どこからくるの
かがみのなかと　そとのぼく
やせたりふとったり　おつきさま
そらのあおと　ゆうやけのあか
みつめてごらん　まいにちであう　ふしぎはきっと
ぼくらの　ほしのプレゼント

◇Wow Wow Wonder (Wow Wow Wonder)
ひとりずつのゆめ　かがやいて
Wow Wow Wonder (Wow Wow Wonder)
きょうも　あえるね　いっしょだね

うまれたての　すてきがいっぱい
きらきら　ふわふわ　いっぱい
しりたいこころは　どこからくるの
あしたってじかんは　どこからくるの
しゃしんのなかと　いまのぼく
しゃべったりおこったり　うみのなみ
ちいさなはなと　おおきなうちゅう
さがしてごらん　まいにちであう　ふしぎはみんな
ぼくらの　ほしのメッセージ

♥Wow Wow Wonder (Wow Wow Wonder)
きのうみたゆめ　はばたいて
Wow Wow Wonder (Wow Wow Wonder)
きょうも　あえるね　いっしょだね

♡Wow Wow Wonder (Wow Wow Wonder)
むねがおどる　しあわせなせかい
Wow Wow Wonder (Wow Wow Wonder)
いつも　あえるね　いっしょだね

歩いて踊ろう

ぶつからないように気をつけながら自由に歩いたり走ったりしよう。

❶ 前奏14呼間

音楽を聞く。

❷ ◆Wow Wow Wonder ～ いっしょだ

4呼間で上から下へかいぐりしてから、次の4呼間は頭の上でキラキラさせる。この動作を4回。

❸ ね

右の人差し指と足を前に出す。

❹ (うま) れたての ～ どこからくるの

好きなところを歩く。

❺ (か) がみの ～ おつきさま

泳ぐようにゆっくりと歩く。

❻ (そら) のあおと　ゆうやけのあか

好きなところを走って「と」「か」でストップ。

❼ みつめて ～ プレゼント

❹と同じ。

❽ ◇Wow ～ いっしょだね

❷❸と同じ。

*2番以降、同じメロディーは1番と同じ動作。

2人組で踊ろう

1人で踊ってもOK!

準備：2人組で向かい合う。

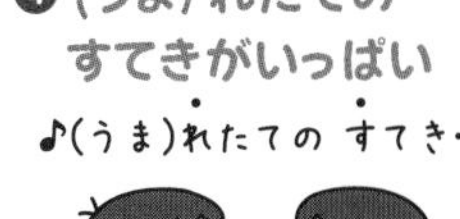

❶前奏14呼間

音楽を聞く。

❷◆Wow Wow Wonder　～　いっしょだ

下から上へかいぐりして、上でキラキラさせる。
この動作を4回。

❸ね

右の人差し指と足を
前に出す。

❹(うま)れたての
すてきがいっぱい

その場で4回ジャンプ。

❺わくわく　どきどき　いっぱい

右左の順で2回ずつ手拍子する。
この動作を2回。

❻すきって　～　どこからくるの

❹❺と同じ。

❼(か)がみのなかと　～　おつきさま

その場で素早くまわってから、3回手合わせする。
この動作を2回。

❽(そら)のあおと　ゆうやけのあか

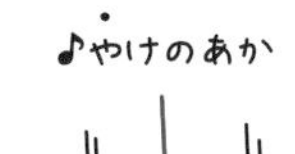
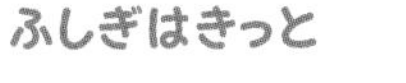

両手をつないで手を上げ、次にしゃがむ。

❾みつめて　～
ふしぎはきっと

片手をつないで
好きなところを歩く。

❿(ぼ)くらのほしの

向かい合い、右左の順に
手をつなぐ。

⓫(プ)レゼント　～
いっしょだね

♪(プ)レゼント

手をつないだまま、その場で
まわる。次に❷❸と同じ。

*2番以降、同じメロディーは
1番と同じ動作。

⓬♥♡Wow Wow Wonder　～　いっしょだね　＋　後奏8呼間

❷の動作を8回してから❸の動作でストップ。

発表会に発展させよう

❷はA・B交互に踊ると素敵だよ。

準備：2組(A・B)に分かれて2色のポンポンを持つ。
「2人組で踊ろう」と同じ動作を1人でする。
❼の手合わせは、ポンポンを前で振る。❾～⓫で隊形移動する。

＜隊形の例＞

1番❶～❽　2列。
1番❾～⓫　2つの円に隊形移動。
2番❷～❽　2つの円。
2番❾～⓫　2列に隊形移動。

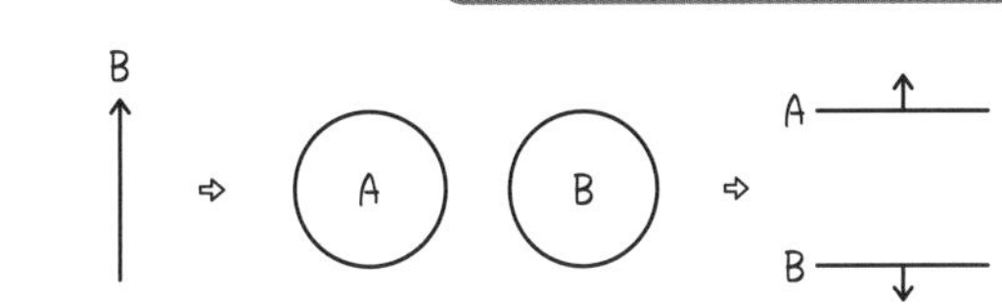

人数や場所の広さによって変化させてください。

3〜5歳児

CD 02 みんなのリズム

作詞：田角有里／中西圭三　作曲：中西圭三　編曲：黒川陽介

☆おいでよ！　すてきなまちへ
　おいでよ！　しあわせあふれる
　みみをすませば　ほら　きこえるよ
　やさしいリズムが　みんなをつなぐ

タッタカ　タッタカ　タッタカ　タッタカ
あるいていたら
いしがあったぞ　おっと　つまずいた
どこかぶつけて　アタタタタタタ！
アタタタ！　アタタタ！　アタタタタタタ！

はなやさんとパンやさんが
だいじょうぶ？　だいじょうぶだった？
だいじょうぶ？　だいじょうぶだった？
やおやさんとコックさんも
どうした？どうした？どうした？どうした？

みんないっしょに
だいじょうぶ？／どうした？どうした？
だいじょうぶだった？／どうした？どうした？
だいじょうぶ？／どうした？どうした？
だいじょうぶだった？／どうした？どうした？
なんてすてきなまちでしょう！

とっても　とっても　とっても　とっても
いたみのなみだ
こんなに　こんなに　こんなに　こんなに
やさしいことばで
すっかり　すっかり　すっかり　すっかり
うれしなみだに　なって
ワハハハ　ワハハハ　ワハハハハハハ！
ワハハハ　ワハハハ　ワハハハハハハ！

☆くりかえし

ワハハ　ハハハハ！

全身であそぼう

❺⓭は歩くだけでもいいよ。

❶ 前奏16呼間

ももを16回たたく。

❷ (おい)でよ！　〜　あふれる

両手を頭の上で右左に2回振る。次に体と手をジグザグさせながら上下する。この動作を2回。

❸ (みみを)すませば　ほら　きこえるよ

右手を耳の横にあてリズムをとる。

❹ (や)さしい　〜　つなぐ

左で❸をした後「ぐ」で両手を頭の上でキラキラさせる。

❺ タッタカ　〜　アタタタタタタ！

好きなところを小走りして「ら」「た」「タ！」でストップ。

❻ アタタタ！　〜　アタタタタタタ！

頭を抱えて、その場を走ってまわる。

❼ はなやさんと　パンやさんが

4回手拍子する。

❽ だいじょうぶ？　〜　だいじょうぶだった？

片手をおでこにあてて、2呼間ずつで右左を見る。

❾ やおやさんと　〜　どうした？

❼の後❽の動作を右左1回ずつ。

❿ みんないっしょに　〜　どうした？

❼❽と同じ。

⓫ なんてすてきなまちでしょう！　＋　4呼間

♪𝄾なんてすてきな…　♪う！

パン！ パン！ パン！ パン！

6回手拍子した後「う！」で両手を頭の上でキラキラさせる。

⓬ 8呼間

❶ の動作を8回。

⓭ とっても　～　なって

❺ のように「だ」「で」「に」でストップ。

⓮ ワハハハ　～　ワハハハハハハ！

♪ワハハハ…

ぐるり

両手で交互におなかをたたきながら、その場でまわる。この動作を2回（反対まわりも）。

⓯ （おい）でよ！　～　つなぐ

❷～❹と同じ。

⓰ 4呼間　＋　ワハハ　ハハハハ！

ももを4回・おなかを3回たたき、最後に両手を上げる。

マラカス・小太鼓・木魚・ギロや手づくり楽器でもOK。
難しいところはその場で踊ってもいいよ。

準備：カスタネット・鈴・タンバリン・トライアングル。　　全：全員

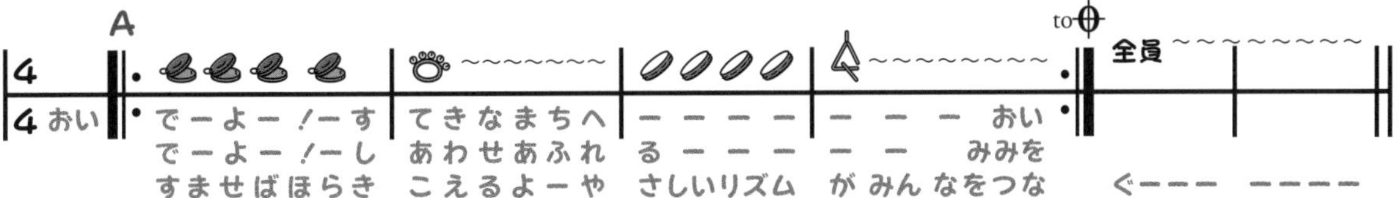

A　4/4 おい | でーよー！ーす | てきなまちへ | ーーーー | ーーー おい | to⊕ 全員 | |
でーよー！ーし | あわせあふれ | るーーーー | ーー みみを
すませばほらき | こえるよーや | さしいリズム | が みん なをつな | ぐーーー ーーーー

B
タッタカタッタカタッタカタッタカ | あるいていたらー | 𝄾いしがあったぞおっと | つまづいたー | 𝄾どこかぶつけて
アタタタタタ！ | アタタタ！ アタタタ！ | アタタタタタタ！

C
はなやさんとパンやさんが
だいじょうぶ？ だいじょうぶだった？ | だいじょうぶ？ だいじょうぶだった？ | やおやさんとコックさんも
どうした？どうした？どうした？どうした？ | 𝄾みんないっしょに
だいじょう ぶ？ だ いじょうぶ だった？ | だいじょう ぶ？ だ いじょうぶ だった？
どうした？ どうした？ どうした？ どうした？ | どうした？ どうした？ どうした？ どうした？

全 全 全 全 | 全 全 全～～ | 4小節
𝄾なんてすてきな | まちでしょう！ー |

D
とってもとってもとってもとっても | いたみのなみだ
こんなにこんなにこんなにこんなに | やさしいことばで | すっかりすっかりすっかりすっかり | うれしなみだになって
ワハハハ　ワハハハ | ワハハハハハハ！

E　自由に | 自由に　D.C.
ワハハハ　ワハハハ | ワハハハハハハ！おい

to⊕
全～～～～～～ | ストップ | 全
ぐーーー | ーーーー | | ワハハハハハハ！𝄽

☆いつも「カスタネット・鈴・タンバリン・トライアングル」の順に鳴らしています。また、B・Dは同じ鳴らし方です。

3～5歳児

CD 03 月火水木金土日のうた

作詞：谷川俊太郎　作曲：服部公一　編曲：小西真理

げつようび　わらってる
げらげらげらげら　わらってる
おつきさまは　きが　へんだ
おつきさまは　きが　へんだ

かようび　おこってる
かっかかっかかっかかっか　おこってる
ひばちの　すみは　おこりんぼ
ひばちの　すみは　おこりんぼ

すいようび　およいでる
すいすいすいすい　およいでる
みずすましは　みずの　うえ
みずすましは　みずの　うえ

もくようび　もえている
もくもくもくもく　もえている
かじだ　かじだ　やまかじだ
かじだ　かじだ　やまかじだ

きんようび　ひかってる
きらきらきらきら　ひかってる
おおばん　こばん　つちのなか
おおばん　こばん　つちのなか

どようび　ほっている
どんどんどんどん　ほっている
どこまで　ほっても　みつからない
どこまで　ほっても　みつからない

にちようび　あそんじゃう
にこにこにこにこ　あそんじゃう
おひさまといっしょ　パパといっしょ
おひさまといっしょ　パパといっしょ

指であそぼう

歌って曜日を覚えちゃおう！

準備：両手で顔を隠す。

❶前奏A　16呼間

3呼間隠してから顔を出す。この動作を2回。
次に7呼間隠してから出す。

❷前奏B　8呼間

両腕を前後に振ってリズムをとる。

<1番　指1本>

❸げつようび　わらってる

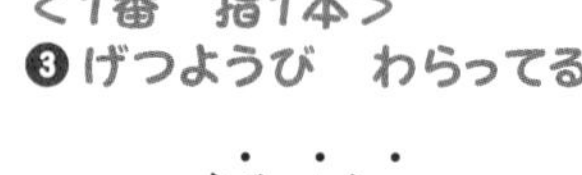

7回手拍子してストップ。

❹げらげらげらげら　わらってる

両手の指1本でリズムをとる。

❺おつきさまは　～　きが　へんだ

顔の横で指をまわす。

❻間奏8呼間

❷と同じ。

1～7番まで❷❸の動作は共通。
2番以降、❹でリズムをとる指の数と❺の動作を下記のように変化させる。後奏は❶と同じ。

＜2番　指2本＞
かようび　～　おこりんぼ

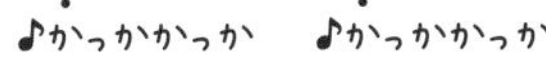

指2本でリズム。

頭の上で指を押し上げる動作をくり返す。

＜3番　指3本＞
すいようび　～　みずの　うえ

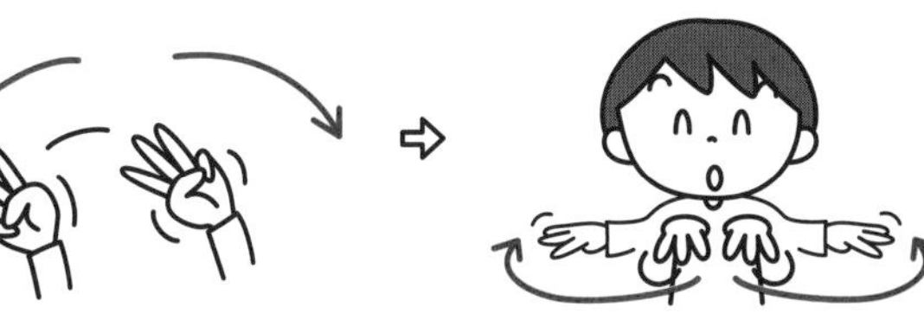

指3本でリズム。

胸の前から両手を広げて泳ぐ動作をくり返す。

＜4番　指4本＞
もくようび　～　やまかじだ

♪もくもく　♪もくもく…

指4本でリズム。

顔の横で指を下から上へ細かく振る動作をくり返す。

＜5番　指5本＞
きんようび　～　つちのなか

♪きらきら　♪きらきら…

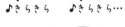

指5本でリズム。

両手をキラキラさせながら、胸の前から円を4回描く。

＜6番　グー＞
どようび　～　みつからない

♪どんどん　♪どんどん…

グーでリズム。

胸の前で両手を上下に押し下げる動作をくり返す。

＜7番　グーパー＞
にちようび　～　パパといっしょ

♪にこにこ　♪にこにこ…

♪おひさまと…

グーパーでリズム。

胸の前でグーと、頭の上でパーを交互に8回出す。

大なわであそぼう

波だけや大まわしだけでもいいよ。

準備：跳ぶ人は、なわの横で待つ。他の人は歌う。

❶げつようび　～　わらってる

なわを持つ人は、なわを右左に4回ゆらす。
跳ぶ人は、なわに合わせて4回跳ぶ。

❷おつきさまは　～　きが　へんだ

持つ人は、大きく8回まわす。
跳ぶ人は、なわに合わせて8回跳ぶ。

4月　5月　6月　7月　8月　日本のわらべうた&世界のこどもうた　今月のうた　クラシック&ディズニー　お話

2～5歳児

CD 04 オリバーのマーチ

作詞・作曲：ライオネル・バート　日本語詞：峯 陽　編曲：小野崎孝輔

さあ　元気を出して
さあ　ぼくらと握手しよう
さあ　街から街へ
みんなで歩きまわろう
ほら　世界はいつも
ほら　ぼくらを見つめている
ほら　ここには何もないけど　自由がある

辛いこともあるにはあるが　はげましあえば
街も空も川も晴れ晴れ　挨拶するさ

☆おい、仲間よ　君も
おい、愉快に歌おう
喜びと悲しみを分け合う　仲間になろう

さあ　今から君も
さあ　仲間の一人なのさ
さあ　ぼくらも君が
仲間だと心強い
ほら　世界はいつも
ほら　ぼくらの味方なのさ
ほら　ここには何もないけど　仲間がいる

困るときはみんなの知恵を　集めてみよう
一人だけじゃできないことも　上手くやれるさ

☆くりかえし

歩いてあそぼう

歌詞の合間に「エイヤー！」などのかけ声をかけて盛り上がろう！

<室内の場合>

フープやトンネルをくぐったり、平均台を渡ったりする。
数か所につくり、それらを通りながら歩く。

<屋外の場合>

ジャングルジム等の遊具や鉄棒をくぐったり、描いた線上や、砂場などのふちを落ちないように歩いたりする。

円になって歩いてあそぼう

❺は手拍子しながらその場でまわってもいいね。

準備：円になり、反時計まわりを向く。

❶ 前奏16呼間

音楽を聞く。

❷ （さあ）げんきをだして　～　じゆうがある

右手を斜めに上げて歩く。
最後に円の中心を向く。

❸ （つらい）ことも　～　あいさつするさ

手をつなぎ、小さくなって中心に向かって入り、
大きくなってもどる。この動作を2回。最後に手を離す。

❹ （おい、）なかまよ　～　ゆかいにうたおう

❷と同じ。

❺ （よろこ）びと　～　なかまになろう

円の中心を向き、足踏みしながら手拍子する。

❻ 間奏8呼間

時計まわりを向く。

＊2番以降、左手を上げて、
同じメロディーは1番と
同じ動作。

❼ 後奏4呼間

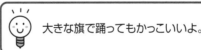

最後に両手を上げる。

発表会に発展させよう

大きな旗で踊ってもかっこいいよ。

準備：2組（A・B）に分かれて2色のポンポンを持つ。「円になって歩いてあそぼう」と同じ動作。

＜隊形の例＞

1番　2つの円。
2番❷　4つの円に隊形移動。
2番❸以降　4つの円。

人数や場所の広さによって変化させてください。

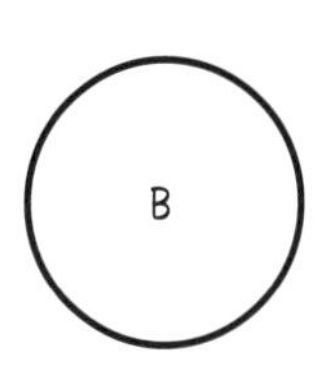

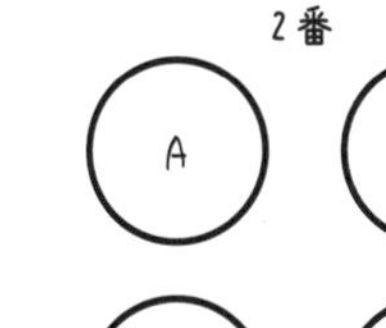

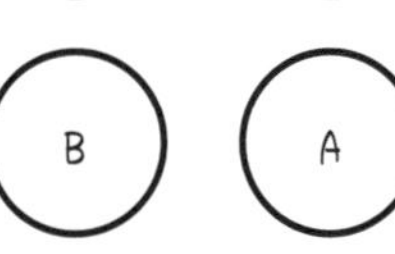

3～5歳児

CD 05 わらべうたじゃんけん（「山寺の和尚さん」より）

作詞：清水玲子　わらべうた　編曲：藤尾 領

☆グーたらのチョキべえが
　パッととびおき大あわて
　じゃんけんしょうぶにでかけます
グーがでりゃ　パーで勝つ
チョイとしょうぶだ　じゃんけんぽん

「じゃんけんぽん」

☆くりかえし
チョキがでりゃ　グーで勝つ
パッとしょうぶだ　じゃんけんぽん

「じゃんけんぽん」

☆くりかえし
パーがでりゃ　チョキで勝つ
グッとしょうぶだ　じゃんけんぽん

「じゃんけんぽん」

 じゃんけんであそぼう

慣れてきたら子どもが先生役をやってみよう。

☆間奏で保育者とじゃんけん勝負をします。勝ちの人は手拍子、あいこと負けの人はその場でジャンプしてまわりましょう。

❶ 前奏18呼間

後打ちのリズム 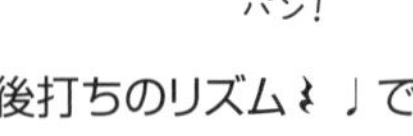 で
手拍子する。

<1番>

❷ グーたらの

両手をグーにして寝ている
まねをする。

❸ チョキべえが

両手を顔の横でチョキにする。

❹ パッととびおき

両手をパーにして円を描く。

❺ おおあわて

あわてて走るまねをする。

**❻ じゃんけんしょうぶに
でかけます**

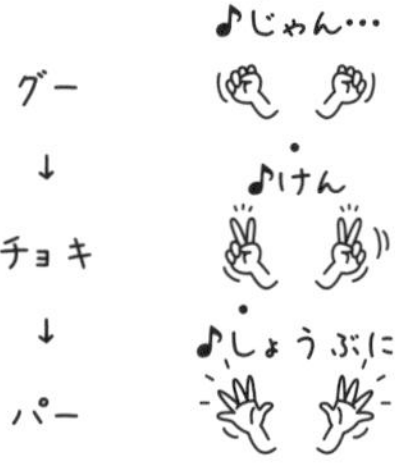

両手でグー・チョキ・パーを出す。
この動作を2回。

❼ グーがでりゃ

右手をグーにする。

❽ パーでかつ

左手をパーにする。

❾ チョイとしょうぶだ

♪チョイと…

両手をチョキにして右左に
動かしながらリズムをとる。

❿ じゃんけんぽん

♪じゃんけん

♪ぽん

かいぐりしてから「ぽん」でじゃんけん。

⓫ 間奏・後奏32呼間　＋　「じゃんけんぽん」

<勝ち>
4回手拍子。

<負け・あいこ>
その場で4回ジャンプ
してまわる。

次に❿の動作。
この動作を4回。

1～3番まで❷～❻、❿⓫の動作は共通。2番以降、❼～❾の動作を下記のように変化させる。

＜2番＞

チョキがでりゃ

右手をチョキにする。

グーでかつ

左手をグーにする。

パッとしょうぶだ

両手をパーにして❾の動作。

＜3番＞

パーがでりゃ

右手をパーにする。

チョキでかつ

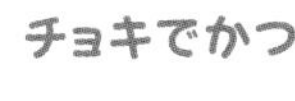

左手でチョキにする。

グッとしょうぶだ

両手をグーにして❾の動作。

全身であそぼう

上半身を絶対に動かさず、足だけのじゃんけんでもでも楽しいよ！

「じゃんけんであそぼう」の動作（❷～❹❻）に足もつける。

❷グーたらの

❸チョキべえが

❹パッととびおき

❻じゃんけんしょうぶにでかけます

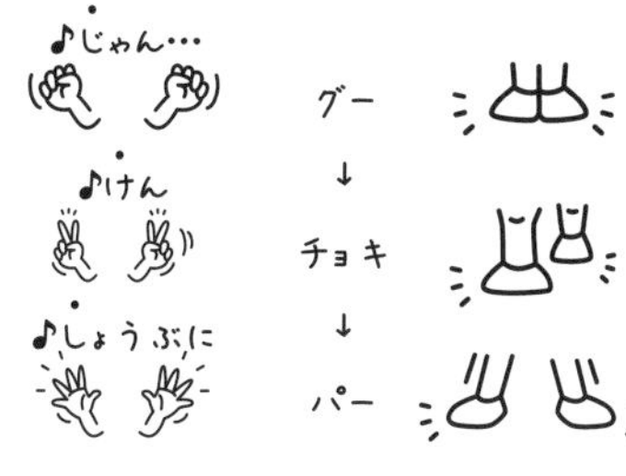

2人組であそぼう

慣れてきたら「じゃんけんであそぼう」の❷～❻の動作をしながら歩いてみよう。

❶前奏18呼間 ＋ グーたらの ～ でかけます

後打ちのリズムで手拍子の後、腕を振りながら歩き、相手をみつけて2人組になる。

❷グーがでりゃ ～ じゃんけんぽん

「じゃんけんであそぼう」の❼～❿の動作。

❸間奏・後奏32呼間

2人組で勝負する。「じゃんけんであそぼう」の⓫の動作。

3〜5歳児

CD 06 しまうまグルグル

作詞：遠藤幸三　作曲：乾 裕樹　編曲：岸本海人

しまうまのしまをグルグルとって
しまうまのしまをグルグルとって

シロクマにつけたら　シマクマ
シマシマ　クマクマ　シマクマ
シマシマ　クマクマ　シマクマ
シマシマ　クマクマ　シマクマ
シマシマ　シマクマ　クマクマクマ

しまうまのしまをグルグルとって
しまうまのしまをグルグルとって

ママにつけたら　シマママ
シマシマ　ママママ　シマママ
シマシマ　ママママ　シマママ
シマシマ　ママママ　シマママ
シマシマ　シマママ　ママママママ

しまうまのしまをグルグルとって
しまうまのしまをグルグルとって

あおぞらにつけたら　シマソラ
シマシマ　ソラソラ　シマソラ
シマシマ　ソラソラ　シマソラ
シマシマ　ソラソラ　シマソラ
シマシマ　シマソラ　ソラソラソラ

全身であそぼう

「グルグル」の部分はその場で素早くまわっても楽しいね。

❶ 前奏16呼間

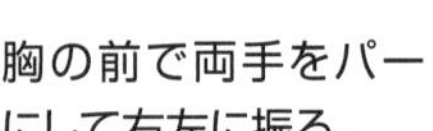

胸の前で両手をパーにして右左に振る。

＜1番＞
❷ しまうまのしまを グルグル

両手首をまわしながら、ひざを開閉する。

❸ とって　＋　4呼間

右左の順に手を上げてストップしてから、首を縦に4回振る。

❹ しまうまの　〜　とって

❷❸と同じ。

❺ シロクマにつけたら　シマク

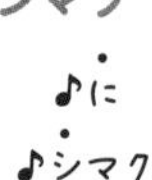

手をパーにして右左交互に前に出す。この動作を2回。

❻ マ

両手をグーにして上げてストップ。

❼ (シ) マシマ　〜　クマクマクマ

「シマ」は手拍子「クマ」は❻のポーズ。

❽ 間奏8呼間

❶と同じ。

＜2番＞
❾ しまうまの　〜　シママ

❷〜❺と同じ。

❿ マ

両手をパーにしてほほにつけてストップ。

⓫ (シ) マシマ　〜　ママママママ

「シマ」は手拍子「ママ」は❿のポーズ。

⓬ 間奏8呼間

❶と同じ。

<3番>

⓭しまうまの　〜　シマソ

⓮ラ

⓯（シ）マシマ　〜　ソラソラソラ

⓰後奏8呼間

⓭ ❷〜❺と同じ。

⓮ 両手の人差し指で空を指してストップ。

⓯「シマ」は手拍子「ソラ」は⓮のポーズ。

⓰ 4呼間ストップしてから、バイバイする。

2人組であそぼう

❼の「シ」を右手「マ」を左手で手合わせするとスピード感がアップ！

準備：2人組で向かい合い、手をつなぐ。

❶前奏16呼間

❷しまうまのしまをグルグル

❸とって　＋　4呼間

❹しまうまの　〜　とって

❶ 両手を上下に振ってリズムをとる。

❷ 走りながらその場でまわる。

❸ 2回ジャンプしてからストップし、首を縦に4回振る。

❹ ❷❸と同じ（反対まわりで）。

❺シロクマにつけたら　シマク

❻マ

❼（シ）マシマ　〜　クマクマクマ

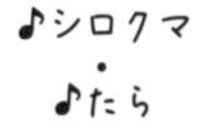

❺ 手をパーにして右左交互に前に出す。この動作を2回。

❻ 両手をグーにして上げてからストップ。

❼「シマ」は両手合わせ「クマ」は❻のポーズ。

*2番以降、同じメロディーは1番と同じ動作。ただしポーズは「全身であそぼう」と同じ動作（2番：ママ　3番：ソラ）。
後奏は「全身であそぼう」の⓰と同じ。

円であそぼう

❷❹はギャロップでもいいね。

準備：円になり、手をつなぐ。　「2人組であそぼう」と同じ動作。（❶❸❺❻）

❷しまうまの　〜　グルグル

❹しまうまの　〜　とって

❼（シ）マシマ　〜　クマクマクマ

❷ 円の中心に入る。

❹ 元の位置にもどってから❸の動作。

❼「シマ」は両隣の人と手合わせ「クマ」は❻のポーズ。

3・4歳児

CD 07 しっぽのきもち

作詞・作曲：谷山浩子　編曲：石川大明

なりたいものは　たくさんあるけど
いちばんなりたいものは　決まってる
それは　しっぽしっぽ　しっぽよ
あなたの　しっぽよ
スキというかわりに　しっぽがゆれるの

そよ風吹いて　わたしを誘うの
ボクと遊ぼう　ダメよ行かないわ
わたし　しっぽしっぽ　しっぽよ
あなたの　しっぽよ
スキというかわりに　しっぽがゆれるの

だけどね少し　みじかい気がする
これじゃあなたの顔が　見えないよ
わたし　しっぽしっぽ　しっぽよ
あなたの　しっぽよ
あなたが西をむけば　しっぽは東よ

あなたが笑う　しっぽも笑うよ
あなたがふりむく　しっぽもふりむく
わたし　しっぽしっぽ　しっぽよ
あなたの　しっぽよ
がんばる　わたしまけない　しっぽのきもちよ

しっぽしっぽ　しっぽよ
あなたの　しっぽよ
スキというかわりに　しっぽがゆれるの

しっぽ　しっぽ　しっぽよ　あなたのしっぽよ
しっぽ　しっぽ　しっぽよ　あなたのしっぽよ
スキというかわりに　しっぽがゆれるの

椅子にすわってあそぼう

❹は足音をたてずに椅子のまわりを歩いてみよう。

準備：椅子にすわってねこの手をつくる。

❶ 前奏16呼間

音楽を聞く。

<1番>
❷ なりたいものは　たくさんあるけど

右左の順に手足を前に出してもどす。
この動作を2回。

❸ いちばん　～　それは

1呼間ずつで❷の動作を6回。「それは」でストップ。

❹ しっぽ　～　しっぽよ

両手は右、両足は左へ。次に反対で。この動作を4回。

❺ スキという　～　ゆれるの

両足を揃えて、小さく12回床を鳴らし「の」で両手を上げる。

＊2番以降、同じメロディーは1番と同じ動作。

全身であそぼう

1～4番の中で、好きな動作だけをくり返してもOK!

❶ 前奏16呼間

音楽を聞く。

<1番>
❷ なりたいものは　たくさんあるけど

首を右左に振る。この動作を2回。

❸ いちばん　～　それは

1呼間ずつで❷の動作を6回。「それは」でストップ。

❹ しっぽ　～　しっぽよ

右手首を体の横でまわす。次に左手首で。

❺ スキという　～　ゆれるの

12回ジャンプしながらその場でまわり「の」で両手を上げてキラキラさせる。

<2番>
❻ そよかぜふいて　～　わたし

4呼間ずつ、肩を4回上げ下げし、次に1呼間ずつで6回した後「わたし」でストップ。

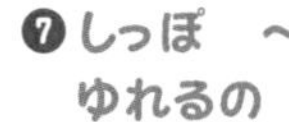

❼ しっぽ　～　ゆれるの

❹❺と同じ。

❽ 間奏16呼間

両手を後ろにして
キラキラさせながらまわる
(反対まわりも)。

<3番>
❾ だけどね　～　わたし

4呼間ずつ、両手両足を同じ方向に出して4歩歩き、次に1呼間ずつ歩いた後「わたし」でストップ。

❿ しっぽ　～　ひがしよ

❹❺と同じ。

<4番>
⓫ あなたが　～　わたし

4呼間ずつ、しゃがんでから両手両足を広げて立つ。この動作を2回し、次に1呼間ずつで6回した後「わたし」でストップ。

⓬ しっぽ　～　きもちよ

❹❺と同じ。

⓭ しっぽ　～　ゆれるの

♪の　キラ　キラ

❹❺❹❹❺の動作。

発表会に発展させよう

広いところでは、列でなく円になってもいいね。

「全身であそぼう」と同じ動作(❶～❸、❺～⓬)。　衣装イメージ:動物の耳やりぼん、鈴がついたしっぽなどをつける。

❹ しっぽ　～　しっぽよ

自分のしっぽを持ってぐるぐるとまわす。

⓭ しっぽ　～　ゆれるの

列隊形になり、右隣の人のしっぽを持って歩く。最後に左手を振る。

4月 5月 6月 7月 8月 日本のわらべうた&世界のこどもうた 今月のうた クラシック&ディズニー お話

4・5歳児

CD08 トレロ カモミロ

作詞：F.マレスカ　日本語詞：阪田寛夫　作曲：パガーノ　編曲：石川大明

☆ランララ　ランララ　ランララ　ランラン
ランララ　ランララ　ランララ　ランラン
ランララ　ランララ　ランララ　ランランラン　オレ！

牛は黒牛　すごい鼻息
5人がかりで　連れてきたが　オレ！
牛と闘う　男はどこだ
お客は怒鳴る　はやく出てこい　オレオレオレ！

★その名高き　トレロ　カモミロ
男の中の男だけど
トレロ　カモミロ　とてもねぼすけ
戦いよりも　昼寝が好き
☆くりかえし

トレロ　カモミロ　あくびしながら
闘牛場へ　出てはきたが　オレ！
牛に背を向け　ごろり寝そべり
それじゃみなさん　おやすみなさい　オレオレオレ！
★☆くりかえし

牛はカンカン　つのをふりたて
カモミロめがけ　突いてきたが　オレ！
片手でちょいと　牛をころがし
これはすてきな　黒いベッド　オレオレオレ！

★2回くりかえし
☆くりかえし

オレオレオレ　オレ！

闘牛士になってあそぼう

準備：大きな布またはタオル。

❷の動作が難しいときは、右左に振るだけでもOK!

❶ファンファーレ

ゆっくりと胸の前で布を広げる。

❷ランララ　～　オレ！

8の字を描くように3回振ってからストップし「オレ！」で上下に振る。

❸（う）しは　～　オレオレオレ！

布を体の右横に持って歩き「きたが」「こい」でストップして「オレ」の数だけ上下に振る。

❹（そのなたか）き　トレロ　カモ

ストップする。

❺ミロ　～　おとこだけ

❸の動作で歩く。

❻ど　トレロ　カモ

❹と同じ。

❼ミロ　～　ひるねがすき

❺の動作の後、「すき」で両手を顔の横で合わせて、首をかしげる。

❽ランララ　～　オレ！

❷と同じ。

*2番以降、同じメロディーは1番と同じ動作。

❾（オ）レオレオレ　オレ！

布を上下に3回振ってから上に投げる。

2人組であそぼう

❸❹の指合わせで突き指をしないように気をつけてね。

準備：2人組で向かい合う。

❶ファンファーレ

両手を大きくまわしてから、胸の前で組む。

❷ランララ　～　オレ！

足踏みしながら顔の横で13回手拍子して「オレ！」で2回手合わせする。

❸(う)しはくろうし　～　オレ！

両手の人差し指を合わせて、交互に押し合う。
「オレ！」で2回手合わせする。

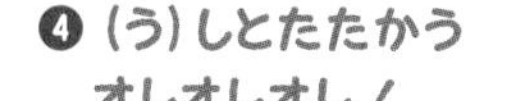

❹(う)しとたたかう　～　オレオレオレ！

❸と同じ。
ただし6回手合わせ。

❺(そのなたか)き　トレロ　カモ

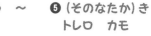

❶と同じ。

❻ミロ　～　おとこだけ

腕を組み、交互に足を
上げながらその場でまわる。

❼ど　トレロ　カモ

ストップする。

❽ミロ　～　ひるねがすき

❻の反対まわりをしてから「すき」で両手
を顔の横で合わせて、首をかしげる。

❾ランララ　～　オレ！

❷と同じ。

＊2番以降、同じメロディーは1番と同じ動作。

❿(オ)レオレオレ　オレ！

6回手合わせしながらしゃがみ、最後にジャンプして上で手合わせする。

4月 5月 6月 7月 8月 日本のわらべうた&世界のこどもうた 今月のうた クラシック&ディズニー お話

2〜5歳児

CD 09 ふたごのオオカミ大冒険

作詞・作曲：ウォルター・バルディ　日本語詞：柴田陽平　編曲：越部信義

もりの　おくふかくに　すんでいる
ボクたち　ふたごの　オオカミだよ
ママには　ないしょで　だいぼうけん
きけんなときには　まほうのことば
☆Hey　ウルラウルラウルラウルラウルラウルラリー
　Hey　ウルラウルラウルラウルラウルラウルラリー

おおきな　かわで　おぼれかかり
おおきな　うしに　おいかけられ
ないて　ふるえ　にげだし　まいごになれば
パパのおしえ　まもるさ　まほうのことば
☆くりかえし

いわのかげに　かくれて　かりうどたちが
ボクたちを　てっぽうで　ねらっているよ
はやくにげろ　にげろ　にげろ　わるいヤツから
はやくさけべ　さけべ　さけべ　まほうのことば
☆くりかえし

よるになり　あさがきて　まちについたら
ひとはみな　えがおで　むかえてくれたさ
ふとっちょの　おばさんが　おどりだしたら
まちのひとは　こえをそろえ　うたいだしたよ

ウルラウルラウルラウルラ　ウルラウルラウルラウルラ
ウルラウルラウルラウルラウルラウルラリー　Hey
ウルラウルラウルラウルラ　ウルラウルラウルラウルラ
ウルラウルラウルラウルラウルラウルラリー

オオカミになってあそぼう

いろいろなオオカミのポーズを考えてみよう。

☆ストップするときは「ウォー！」と言いながらオオカミのポーズをとります。❶〜❸をくり返しましょう。

❶ 前奏16呼間

ひざでリズムをとる。

❷ もりの　〜　まほうのことば

7歩歩いてからストップしてオオカミのポーズ。この動作を4回。

❸ (Hey) ウルラ　〜　ウルラリー

7呼間その場で走ってまわってからストップしてオオカミのポーズ。この動作を2回。

人数を増やしてあそぼう

間奏で保育者が人数を指定しても楽しいよ！

ストップのポーズは「オオカミになってあそぼう」と同じ動作。

❶ 前奏16呼間

ひざでリズムをとる。

<1番　1人>
❷ もりの　～　まほうのことば

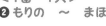

好きなところを7歩歩いてからストップしてオオカミのポーズ。この動作を4回。

❸ (Hey) ウルラ　～　ウルラリー

その場で7回ジャンプしてまわりストップ。この動作を2回（反対まわりも）。

❹ 間奏16呼間

2人組になって手をつなぎ ❶ と同じ。

<2番　2人組>
❺ おおきな　～　まほうのことば

手をつないだまま ❷ と同じ。

❻ (Hey) ウルラ ～ ウルラリー

両手をつなぎ ❸ と同じ。

❼ 間奏16呼間

4人組になって横1列で手をつなぎ ❶ と同じ。

<3番　4人組>
❽ いわのかげ　～　ウルラリー

❺❻ と同じ。

❾ 間奏16呼間

8人組（or全員）で円になって手をつなぎ ❶ と同じ。

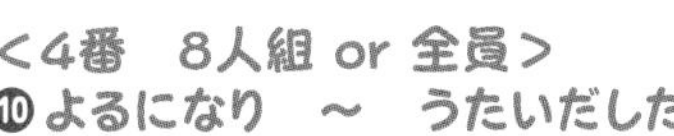
<4番　8人組 or 全員>
❿ よるになり　～　うたいだしたよ

円の中心に7歩入ってから、ストップしてオオカミのポーズ。次にもどってからポーズ。この動作を2回。

⓫ ウルラ　～　ウルラリー

右方向にギャロップしてストップする。「Hey」で左方向にギャロップする。

⓬ 後奏4呼間

手を離してその場でまわり、オオカミのポーズをとる。

2〜5歳児

CD 10 ひょっこりひょうたん島

作詞：井上ひさし／山元護久　作曲：宇野誠一郎　編曲：本田洋一郎

☆波をチャプチャプ　チャプチャプ
かきわけて（チャプチャプチャプ）
雲をスイスイ　スイスイ
追いぬいて（スイスイスイ）
ひょうたん島は　どこへ行く
ぼくらを乗せて　どこへ行く

★丸い地球の　水平線に
何かがきっと　待っている
苦しいことも　あるだろうさ
悲しいことも　あるだろうさ
だけどぼくらは　くじけない
泣くのはいやだ　笑っちゃおう　進め
ひょっこりひょうたん島
ひょっこりひょうたん島
ひょっこりひょうたん島

☆★くりかえし

ひょっこりひょうたん島
ひょっこりひょうたん島
ひょっこりひょうたん島

全身であそぼう（体操風ダンス）

❿のときにアキレス腱を伸ばすといいよ。

❶ 前奏20呼間

腰に手をあてて、音楽を聞く。

❷ なみを 〜 かきわけて

9回ひざをたたく。

❸ チャプチャプチャプ

3回平泳ぎのまねをする。

❹ くもを 〜（スイスイスイ）

❷❸と同じ。

❺ ひょうたんじまは

かいぐりする。

❻ どこへゆく

ガッツポーズで腕を2回開閉する。

❼ ぼくらを 〜 どこへゆ

❺❻と同じ。

❽ く

ガッツポーズのまま小さくジャンプしながらその場でまわる（反対まわりも）。

❾ まるい 〜 まっている

♪まるい　ちきゅうの…

両手を広げて、シーソーのように右左に体重移動する。
この動作を4回。

❿ くるしい 〜 わらっちゃおう

♪くるしいことも…
♪かなしいことも…

右手をグーにして目をかくし、右方向へ体を動かしていく。次に左で。
この動作を2回。

⓫（すす）め

頭の上で弧を描くように左から右へ8回手拍子する。

⑫ ひょっこり ～ ひょうたんじま

⑤⑥の動作を3回した後、⑧と同じ。

⑬ 間奏28呼間

①と同じ。

⑭ なみを ～ ひょうたんじま

②～⑫と同じ。

⑮ ひょっこり ～ ひょうたんじま＋後奏3呼間

⑫の動作の後、最後に両手を上げる。

円であそぼう

⑨は友だちと息を合わせてバランスをとってね。

準備：円になり、手をつなぐ。

① 前奏20呼間

音楽を聞く。

② なみを ～ かきわけて

♪なみをチャプチャプ…

両手を5回上下する。

③ チャプチャプチャプ

♪チャプチャプチャプ

手を離して、
3回平泳ぎのまねをする。

④ くもを ～ （スイスイスイ）

②③と同じ。

⑤ ひょうたんじまは

ぐる
ぐる

かいぐりする。

⑥ どこへゆく

♪どこへゆく
パン！
パン！

両隣の人と2回手合わせ。

⑦ ぼくらを ～ どこへゆ

⑤⑥と同じ。

⑧ く

♪くーーー…
パン！
パン！
パン！
パン！

両隣の人とたくさん手合わせ。

⑨ まるい ～ まっている

♪まるい…
♪なにかが…

両手をつないで、16呼間ずつ右左の順に
片足を後ろに伸ばしてバランスをとる。

⑩ くるしい ～ わらっちゃおう

♪くるしいことも…
♪かなしいことも…
ピョンピョン
ピョンピョン

右に7回小さくジャンプしてストップ。
次に左へ。この動作を2回。

⑪ （すす）め

パン！
パン！
パン！
パン！

手を離して8回手拍子する。

⑫ ひょっこり ～ ひょうたんじま

⑤⑥の動作を3回した後、⑧と同じ。

⑬ 間奏28呼間

①と同じ。

⑭ なみを ～ ひょうたんじま

②～⑫と同じ。

⑮ ひょっこり ～ ひょうたんじま＋後奏3呼間

⑫の動作の後、最後に両手を上げる。

4・5歳児

CD 11 あおいそらにえをかこう

作詞：一樹和美　作曲：上柴はじめ　編曲：出川和平

青い空に絵をかこう　大きな大きな船
あの船にのって出発だ　ぼくらの島へ

☆あしたは（エイ！　ヤァー！）
あしたは（エイ！　ヤァー！）
あしたは　ぼくらの世界だ
あしたは（エイ！　ヤァー！）
あしたは（エイ！　ヤァー！）
ぼくらの世界だ

白い雲のマストには　いっぱいいっぱい風
ひこうき雲の舵とって　ぼくらの島へ

☆くりかえし

星のランプに灯がともる　小さな小さな夢
流れ星を追いかけて　もうすぐ明日へ

★ぼくらの（エイ！　ヤァー！）
ぼくらの（エイ！　ヤァー！）
ぼくらの　世界に到着だ
ぼくらの（エイ！　ヤァー！）
ぼくらの（エイ！　ヤァー！）
世界に到着だ

★くりかえし

椅子にすわってあそぼう

❻はそっと歩いてみよう。

準備：椅子を丸く並べてすわる。

❶ 前奏16＋32呼間

ドラムマーチを聞いてから、足踏みする。

<1番>
❷（あ）おいそらに ～ ぼくらのしまへ

立って歩き「しまへ」で椅子にすわる。

❸（あし）たは ～ ぼくらのせかいだ

「エイ！　ヤァー！」は両手両足を上げ下げし、他は足踏みする。

<2番>
❹ 間奏16呼間 ＋
（し）ろい ～ せかいだ

足踏みしてから❷❸と同じ。

❺ 間奏24呼間

手をつないで右左にゆれる。

<3番>
❻（ほ）しのランプに ～ もうすぐあしたへ

立って好きなところを歩き「あしたへ」で空いている椅子にすわる。

❼（ぼく）らの ～ とうちゃくだ ＋ 後奏8呼間

❸の動作を2回して、最後に両手を上げる。

布を持って踊ろう

ポンポンや大きな旗を持つと運動会用になるよ。

準備：布を体の右横で持つ。

❶ 前奏16＋32呼間

ドラムマーチを聞いてから、好きなところを歩く。

❷（あ）おいそらにえをかこう

8の字を2回描く。

❸（お）おきなおおきなふね

布を頭の上でまわす。

❹（あ）のふねに 〜 ぼくらのしまへ

❷❸と同じ。

❺（あし）たは 〜 ぼくらのせかいだ

「エイ！　ヤァー！」は斜めに振り上げ、他は右左にゆれる。

＜2番＞

❻ 間奏16呼間 ＋ （し）ろい 〜 せかいだ

好きなところを歩いてから、❷〜❺と同じ。

❼ 間奏24呼間

16呼間はその場でまわる（反対まわりも）。次の8呼間で布を広げて両手で持つ。

＜3番＞

❽（ほ）しのランプに 〜 もうすぐあしたへ

4回しゃがんだり立ったりする。

❾（ぼく）らの 〜 とうちゃくだ

❺を2回。

❿ 後奏8呼間

足踏みしてから、最後に斜めに振り上げる。

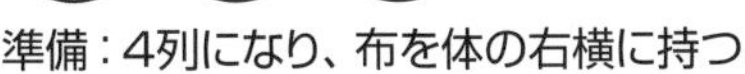

発表会に発展させよう

4色の布で色別の隊形にするとかっこいいよ。

準備：4列になり、布を体の右横に持つ。

❶ 前奏16＋32呼間

ドラムマーチを聞いてから、列で入場する。

＜1・2番＞

❷（あ）おいそらに 〜 せかいだ

「布を持って踊ろう」と同じ動作（❷〜❻）。

❸ 間奏24呼間

円になり、左隣の人の布を持つ。

＜3番＞

❹（ほ）しのランプに 〜 もうすぐあしたへ

円の中心に入ってからもどる。この動作を2回。

❺（ぼく）らの 〜 とうちゃくだ

「エイ！　ヤァー！」のところで両手を上げる。他は右左にゆれる。

❻ 後奏8呼間

しゃがんで隣の人の布を離し、最後に両手両足を広げて立つ。

3～5歳児

CD12 ドラネコロックンロール

作詞：関 和男　作曲：向谷 実　編曲：岸本海人

おいらまちの　にんきもの　ドド
おおきないぬも　こわくない　ドド
ねこのなかの　ねこなのさ

☆ドドド　ドラネコ　ドドド　ドラネコ
　ドレド　ドラネコ　ミレド　ドラネコ
　ひげがじまんの　スーパーキャット

ドド　ドドドド　ドド　ドドドド
ドド　ドドドド　ドド　ドドド

なみだなんて　ひとにみせない　ドド
わすれないのさ　このスマイル　ドド
だってふつうの　ねこじゃない

☆2回くりかえし
　ドシラソファミレ　ドラネコ

ドレミの形をつくってあそぼう

速いテンポなので、難しいときは「ド」のポーズだけでOK。

<共通>

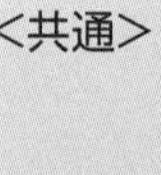

おなかの前で輪をつくる。

パーでひげをつくる。

頭の上で耳をつくる。

❶ 前奏18呼間

腰に手をあてて首を振る。

<1番>
❷ おいら　～　にんきもの

左から右へ、両手をグーにして上下交互に振る。

❸ ドド ＋ 4呼間

ドを2回した後、首を上下に4回振る。

❹ おおきな　～　こわくない

❷と同じ（反対方向へ）。

❺ ドド

ドを2回。

❻ ねこのなかの　ねこなのさ ＋ 8呼間

❷を2回（反対方向も）。

❼ ドドド

ドを3回。

❽ ドラネコ

猫の手をつくり、顔の横で右左の順に2回ずつリズムをとる。

❾ ドドド　ドラネコ

❼❽と同じ。

❿ドレド

ド・レ・ドをする。

⓫ドラネコ

❽と同じ。

⓬ミレド

ミ・レ・ドをする。

⓭ドラネコ

❽と同じ。

⓮ひげが ～ スーパーキャッ

胸の前で手を4回交差させる。

⓯ト ＋ 8呼間

手を交差させてまわしてから、頭の上で3回指を軽く曲げ伸ばしする。

＊2番以降、同じメロディーは1番と同じ動作。

⓰間奏64呼間（ドドド～）

16呼間は❷の動作でまわる（反対まわりも）。
次の16呼間は、高いドは頭の上で、
低いドはおなかの前でする。この動作を2回。

⓱ドシラソファミレ

かいぐりをして小さくなる。

⓲ドラネコ

立って全身をバタバタさせる。

2人組で「ド」の位置を変えてあそぼう

間奏はテンポに合わせると忙しく上下して楽しいよ。

準備：2人組で向かい合う。

<共通>

手をつないでしゃがむ。　パーでひげをつくる。　頭の上で耳をつくる。

ドレミの形をつくってあそぼう」と同じ動作。（❶❷❽）
❸❺❼❾❿⓬のドは、手をつないでしゃがむ。

⓰間奏64呼間（ドドド～）

❷の動作でまわった後に手をつなぎ、
高いドは手を上げて、低いドはしゃがむ。

4・5歳児

CD 13 ドレミの歌

作詞：オスカー・ハマースタイン2世　日本語詞：ペギー葉山　作曲：リチャード・ロジャース　編曲：藤尾 領

<バース>

※英語版では、みんなが良く知っているメロディーの前に「バース」と呼ばれる歌の前に導入部分があります。「バース」のみ楽譜にしました。

<バース>
さあ　おけいこを始めましょう
やさしいところから
英語のはじめは　A・B・C
歌のはじめは　ドレミ（ドレミ）
ドレミ　始まりの三つの音です
ドレミ（ドレミ）　ドレミファソラシ

「さあみなさん
ドレミの歌をうたいましょう」

<歌>
☆ドはドーナツのド　レはレモンのレ
ミはみんなのミ　ファはファイトのファ
ソは青い空　ラはラッパのラ
シは幸せよ　さあ歌いましょう

☆くりかえし

ドレミファソラシド　ドシラソファミレ

ドミミ　ミソソ　レファファ　ラシシ
ドミミ　ミソソ　レファファ　ラシシ
ドミミ　ミソソ　レファファ　ラシシ
ソドラファ（ドミミ　ミソソ　レファファ　ラシシ）
ミドレ（ドミミ　ミソソ　レファファ　ラシシ）
ソドラシ（ドミミ　ミソソ　レファファ　ラシシ）
ドレド

どんなときにも　列を組んで
みんな楽しく　ファイトを持って
空を仰いで　ラララララララ　幸せの歌
さあ歌いましょう
さあ歌いましょう

ドレミファソラシド　ソド

ティッシュであそぼう

準備：ド・レ・ミ・ファ・ソ・ラ・シの7組に分かれて、ティッシュを右手に持つ。

<バース>
❶ 前奏7呼間

音楽を聞く。

❷（さあ）おけいこを　～　うたのはじめは

ティッシュを頭の上で
右左に大きく振る。

❸ドレミ　～　ドレミファソラシ

それぞれの音の歌詞のところで、手を上げて下ろす。

❹ 16呼間

❶と同じ。

⑤ドはドーナツの

ドの組が胸の前で、左から右へ手を振りながらリズムをとる（他の組は気をつけの姿勢）。

⑥ド

全員でティッシュを頭の上で振る。

⑦しは ～
しあわせよ

それぞれの組が⑤をしてから⑥をする。
この動作を6回。

⑧（さあ）
うたいましょう

②と同じ。

⑨ドは ～
うたいましょう

⑤～⑧と同じ。

⑩ドレミファソ ～ ソファミレ

それぞれの組が、素早く手を上げて下ろす。

⑪ドミミ　ミソソ

ド・ミ・ソの組が両手を上げて下ろす。
この動作を2回。

⑫レファファ　ラシシ

レ・ファ・ラ・シの組が⑪をする。

⑬ドミミ　～
ラシシ（速い）

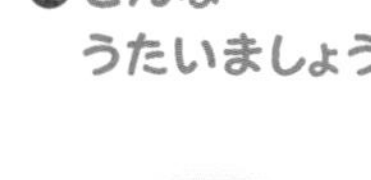

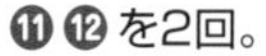

⑪⑫を2回。

⑭ソドラファ ～
ドレド

⑩と同じ。

⑮どんな　～
うたいましょう

⑤～⑦の動作の後、
②を2回。

⑯ドレミファソラシド

ティッシュを下から振り上げる。

⑰ソド

ティッシュを胸の前から斜めに突き上げる。

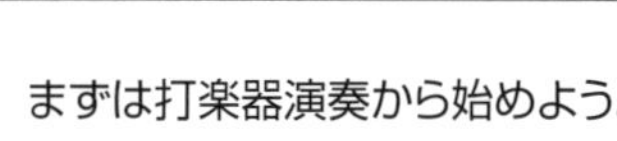

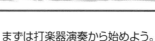

楽器であそぼう

まずは打楽器演奏から始めよう。

準備：トライアングル、鈴、カスタネット、タンバリン。　　□：ピアニカ or 鉄琴など　～～～～：トレモロ演奏

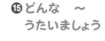

𝄽 さあ	おけいこ	をはじめ	ましょ	うー や	さしい	ところか	らー	ー えい	ごのはじ	め は	A B
こうた	の はじ	め は	[ド] [レ]	[ミ]ー	[ド] [レ]	[ミ]ー	[ド] [レ]	[ミ] は	じまりの	みっつの	おと で
すー	[ド] [レ]	[ミ]ー	[ド] [レ]	[ミ]	[ドレミファ]	[ソ][ラ][シ]	さあみなさん ドレミのうたを うたいましょう				
[ド] は	ドーナ	ツ の	ドー	[レ] は	レモンの	レー	ーー	[ミ] は	み ん	な の	ミー
[ファ] は	ファイトの	ファー	ーー	[ソ] は	あおいそ	らー	ーー	[ラ] は	ラッパの	ラー	ーー
[シ] は	しあわせ	よー	ーー	さあ	う た	い ま	しょう	ーー			

<ハンドベルの和音に挑戦>

下記は「ティッシュであそぼう」の番号に対応。　②～⑨⑮は歌う。

⑩
個別に音を鳴らす。

⑪～⑬
「ティッシュであそぼう」のドミソ組とレファラシ組に分かれて鳴らす。

⑭
個別に音を鳴らす。

⑯⑰
個別に音を鳴らす。

0～5歳児

CD 14 ラ・バンバ

メキシコ民謡　編曲：村井一帆

Para bailar la Bamba
Para bailar la Bamba
Se necesita
Una poca de gracia

Y arriba,y arriba
Por ti sere,por ti sere
Por ti sere

Bamba,bamba
Bamba,bamba
Bamba,bamba
Bamba,bamba

※CD音源は5回くり返しています。

全身であそぼう（一周まわるダンス）

列を増やして手をつないで踊ると
❺では前の人の背中をタッチできるよ。

❶ 前奏15呼間　＋　Para bailar la

両隣の人と手をつなぎ、リズムをとる。

❷ Bamba　～　Por ti sere

手をつないだまま、ジグザグしながら上下する。

❸ Bamba,

2回手拍子した後、両隣の人と1回手合わせ。

❹ bamba

2回手拍子した後「フー！」と言いながら両手を上げる。

❺ Bamba,bamba

2回手拍子した後、手を前に出してから、❹と同じ。

❻ Bamba,bamba

2回手拍子した後、右隣の人の背中にタッチしてから、❹と同じ。

＊5回目まで同じメロディーは1回目と同じ動作
（2回目・4回目は両隣に人がいない）。

❼ Bamba,bamba

2回手拍子した後、左隣の人の背中にタッチしてから、❹と同じ。

❽ 間奏15呼間　＋　Para bailar la

左に90度向きを変えて❶と同じ
（ただし両隣に人がいないときは手はつないだまね）。

❾ 後奏（掛け声）

足をバタバタさせながら、両手を上で振る。

玉入れであそぼう

保育者は❸ 玉入れの始まりと❹ 終わりを笛などで合図しよう。

準備：円の中心に玉入れを用意し、子どもは円の線上に後ろ向きで立つ（円の中心を向いてもいい）。

❶ 前奏15呼間 ＋ Para bailar la

音楽を聞きながらリズムをとる。

❷ Bamba 〜 Por ti sere

♪Bamba Para bailar…

ジグザグしながら上下する。

❸ Bamba, 〜 bamba

♪Bamba, bamba
♪Bamba, bamba

円の中心に入り、玉入れをする。

❹ 間奏15呼間 ＋ Para bailar la

元の位置にもどり❶ と同じ。

＊2回目以降、
同じメロディーは
1回目と同じ動作。

❺ 後奏（掛け声）

元の位置にもどり、手をキラキラさせる。

スキンシップであそぼう

大きい子どもの場合は脇の下に手を入れてジャンプさせてもいいよ。

準備：子どもを抱き上げる。

❶ 前奏15呼間 ＋ Para bailar la

音楽を聞きながらリズムをとる。

❷ Bamba 〜 Por ti sere

ジグザグしながら上下する。

❸ Bamba, 〜 bamba

♪Bamba,
♪bamba

ひざを2回曲げて、次に高い高いの動作を4回。

❹ 間奏15呼間 ＋ Para bailar la

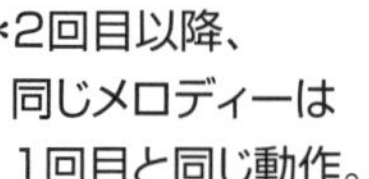
＊2回目以降、
同じメロディーは
1回目と同じ動作。

❶ と同じ。

❺ 後奏（掛け声）

ぎゅう

抱きしめる。

3～5歳児

CD 15

SEA っとたいそう ～クラシックメドレー～（オリジナル）

作詞：清水玲子　編曲：小西真理
作曲：文部省唱歌（成田為三、岡野貞一）、ビゼー、ベートーヴェン、ゴセック、日本古謡、チャイコフスキー、納所弁次郎

カメがのんびり　首回す
あんまり回すと　目が回る

イカイカタコタコ　イカイカタコタコ　足々何本？
イカイカタコタコ　イカイカタコタコ　足々何本？
イカイカタコタコ　イカイカタコタコ　足々何本？
イカイカタコタコ　イカイカタコタコ　10本と8本

ジャジャジャ　サメ～　ジャジャジャ　サメ～
いそいで　いそいで　いそいで
いそいで　いそいで　いそいで
いそいで　いそいで　サメが出たぞ

チョキチョキ　チョキチョキ　カニ　カニ
チョキチョキ　チョキチョキ　カニ　カニ
チョキチョキ　チョキチョキ　カニ　カニ
横歩きは大変だ

クラゲ　クラゲ　ふわふわ　ふわり
ふわふわ　ふわり
クラゲ　クラゲ　ふわふわり

大きな　大きな　クジラの潮吹き
ピューピューピュー　ピューピューピュー
ピューピューピュー　ピュー

めでたいな　めでたいな
タイがみんなで舞い踊る
めでたい　めでたい　めでタイな
めでたい　めでたい　めでタイな

カメ　カメ　カメ　カメ
イカタコ　イカタコ
サメ　サメ　サメ　サメ
カニ　カニ　カニ　カニ
クラゲ　クラゲ
クジラ　クジラ
タイ　タイ　めでタイ
SEA っとたいそう

☆有名なクラシック音楽や文部省唱歌、わらべうたなどを集めてメドレーにし、海の動物の動きを取りいれた体操にしました。プールあそびの前や運動会などで子どもたちと一緒に体操しましょう。

海の動物になりきって体操しよう

それぞれの動物の動きの特徴をつかみ、まねて全身を動かそう。クラシックの音楽も覚えられるよ。

＜浜辺の歌＞
❶ 前奏24呼間

音楽を聞く。

❷ 前奏32呼間

足踏みする

カメ＜故郷＞
❸ カメが　～　まわる

♪カメが ♪のんびり　♪くびまわす

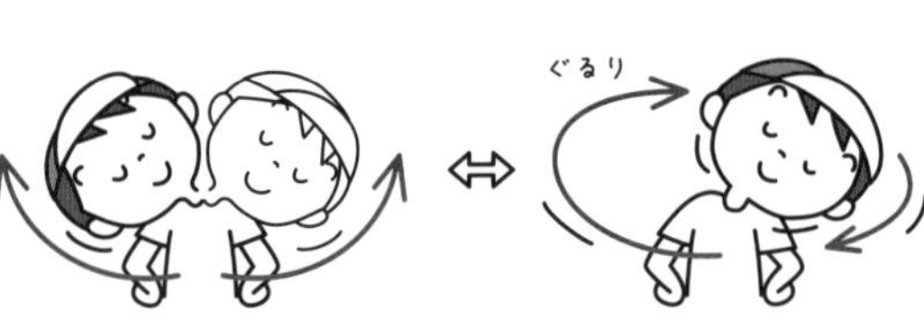

首を右左に大きく振ってから、ゆっくりまわす。この動作を2回。

❹ 間奏32呼間

❷と同じ。

イカ・タコ＜カルメン＞
❺ イカイカ　～　10ぽんと8ほん

♪イカイカタコタコ…

♪あしあしなんぼん？

♪10ぽんと

♪8ほん

両手を前でブラブラさせながら、ひざでリズムをとる。次に両手を上げてその場でかけ足。この動作を2回。最後に指を10本と8本出す。

❻ 間奏32呼間

❷と同じ。

サメ＜運命＞

❼ジャジャジャ　〜　サメ〜

胸の前で両腕をつけて顔を隠し「サメ〜」で腕を開いて顔を出し、片足を1歩前に出す。この動作を2回。

❽（いそい）で　〜　いそいで

その場で走りながら、クロールのまねをする。

❾（サメが）でたぞ

❼のように顔を隠してから「ぞ」で顔を出して1歩前に出る。

❿間奏32呼間

❸と同じ。

カニ＜ガボット＞

⓫チョキチョキ　〜　たいへんだ

4呼間は、両手をチョキにして右へ2歩歩く。次の4呼間は、両手を右に大きく伸ばしてからもどす。この動作を4回（左も）。

⓬間奏32呼間

❷と同じ。

クラゲ＜さくらさくら＞

⓭クラゲ　クラゲ

両手を胸の前で2回振ってから「ゲ」で右手は右斜め上、左手足は左斜め下に伸ばす。次に反対で。

⓮ふわふわ　〜　ふわり

両手をヒラヒラさせてから「ふわり」でその場で素早くまわる。この動作を2回。

⓯クラゲ　〜　ふわふわり

⓭の動作の後⓮を1回。

⓰間奏32呼間

❷と同じ。

クジラ＜チャイコフスキーのピアノ協奏曲＞

⓱（おおき）な　〜　しおふき

6呼間で、腰から大きくまわす（反対まわりも）

⓲ピュー　〜　ピュー

2呼間しゃがんでから、両手を合わせたままジャンプする。この動作を3回して、最後に両手を大きく振り下ろす。

⓳間奏32呼間

❷と同じ。

タイ＜桃太郎＞

⓴めでたいな　〜　めでタイな

2呼間ずつ、右足を2回高く上げる。次に左足。この動作を4回。

㉑間奏8呼間

❷と同じ。

全部＜喜びの歌＞

㉒カメ　カメ　〜　めでタイ

❸❺❼⓫⓮⓲⓴と同じ。

㉓SEAっとたいそう　＋　後奏A 8呼間

手拍子しながら❷と同じ。

㉔後奏B 22呼間

2回深呼吸して、最後に両手を上でキラキラさせる。

3〜5歳児

CD16 あそぼうパピプペポ（「おもちゃの兵隊」より）

作詞：清水玲子　作曲：レオン・イェッセル　編曲：丹羽あさ子

☆パパ　パ　パ　パ　ピピ　ピ　ピ　ピ　ププ　プ　プ　プ　プ　ペペペペ　ポ
パパ　パ　パ　パ　ピピ　ピ　ピ　ピ　ププ　プ　プ　ペ　ペ　ポ
パ　パ　パパ　パ　ピ　ピ　ピピ　ピ　プ　プ　プ　プ　ペペペペ　ポ
パパ　パ　パ　パ　ピピ　ピ　ピ　プ　ペ　パ　ピ　プ　ペ　ポ

ラララララ〜

☆くりかえし

歩いてあそぼう

❷は歌詞のリズムに合わせてストップしたり速く歩いたりしよう。

❶ 前奏16呼間

音楽を聞く。

❷（パパ）パ パ パ 〜 パピプペポ

好きなところを弾んで歩く。

❸ ラララララ〜（64呼間）

好きなところを後ろ歩きやカニ歩きなどで歩く。

❹ 間奏16呼間 〜 パピプペポ

❶❷と同じ。

ポーズであそぼう

「パピプペポ」の他のポーズも考えてみよう。

☆歌いながら「パ」「ピ」「プ」「ペ」「ポ」「ラララララ〜」の歌詞に合わせて下記の動作をします。

♪パ

両手をパーにする。

♪ピ

両手の人差し指を立てる。

♪プ

手でラッパをつくって吹くまねをする。

♪ペ

手をあごの下で重ねる。

♪ポ

頭の上で円をつくる。

♪ラララララ〜

横にゆれる。

2人組であそぼう

❽で1人で好きなところを歩き、違う友だちとペアになってもいいね。

準備：2人組で向かい合う。

❶ 前奏16呼間

音楽を聞く。

❷（パパ）パ パ パ

3回手合わせする。

❸（ピピ）ピ ピ ピ

両手の人差し指を3回合わせる。

❹（ププ）プ プ プ プ

ラッパを吹くまねをしたまま合わせる。

❺ ペペペペ

手をつなぐ。

❻ ポ

手を上げる。

❼（パパ）パ パ パ　～　パピプペポ

歌詞に合わせて「パピプペポ」の形をつくる。

❽ ラララ～（64呼間）

4呼間は、右足を斜め前に出してからもどす動作を2回。次の4呼間は左足で。
次の8呼間は、両足で前後に1回ずつジャンプしてから、その場で3回ジャンプ。この動作を4回。

❾ 間奏16呼間
～　パピプペポ

❶～❼と同じ。

円であそぼう

横1列に椅子を並べてすわってすると発表会用になるよ。❻から立って❽は前後に移動しよう。

準備：円になる。　「2人組であそぼう」と❽以外は同じ動作。

❷（パパ）パ パ パ

両隣の人と手合わせする。

❸（ピピ）ピ ピ ピ

両隣の人と指合わせする。

❹（ププ）プ プ プ プ

ラッパを吹くまねをする。

❺ ペペペペ

手をつなぐ。

❻ ポ

両手を上げる。

❽ ラララ～（64呼間）

12呼間で中心に入って3回ジャンプしてストップし、次に元の位置にもどって3回ジャンプしてストップ。この動作を2回。

3〜5歳児

CD 17 どちらかな?(「エース・オブ・ダイヤモンド」より)

作詞:清水玲子　デンマーク民謡　編曲:丹羽あさ子

ニャン　あっちで　ニャンニャンニャン
ほら　ニャンニャンニャン　ほら　ニャンニャンニャン
ニャン　あっちで　ニャンニャンニャン
ほら　ニャンニャンニャン　ほら　ニャンニャンニャン
あまえているのかな　それとも　ないてるかな
どちらもかわいい　ニャンニャニャンニャン　ニャンニャンニャンニャン
どちらもかわいい　ニャンニャニャンニャン　ニャン

コン　あっちで　コンコンコン
ほら　コンコンコン　ほら　コンコンコン
コン　あっちで　コンコンコン
ほら　コンコンコン　ほら　コンコンコン
おはなししているのかな　それとも　おかぜかな
どちらもおなじだ　コンココンコ　コンコンコンコン
どちらもおなじだ　コンココンコ　コン

ブー　あっちで　ブーブーブー
ほら　ブーブーブー　ほら　ブーブーブー
ブー　あっちで　ブーブーブー
ほら　ブーブーブー　ほら　ブーブーブー
わらっているのかな　それとも　おこってるかな
どっちだかわかんない　ブーブブブ　ブーブブブ
どっちだかわかんない　ブーブブブ　ブー

ワン　あっちで　ワンワンワン
ほら　ワンワンワン　ほら　ワンワンワン
ワン　あっちで　ワンワンワン
ほら　ワンワンワン　ほら　ワンワンワン
おさんぽがすきなのかな　それとも　ごはんかな
どちらもだいすき　ワンワワンワン　ワンワンワンワン
どちらもだいすき　ナンバーワン

動物のポーズであそぼう

「コン」はできたら人差し指と小指を立てよう!

準備:椅子にすわる。

❶ 前奏10呼間

音楽を聞く。

<1番>
❷ ニャン　あっちで
〜　ニャンニャンニャン

両手を猫の手にして、「ニャン」に合わせてリズムをとる。

❸ あまえて
〜　ないてるかな

腕を組み、首を右左に4回振る。

❹ どちらも　〜　ニャン

足踏みしてから「ニャン」のところは❷の動作。

*2番以降、❷❹の鳴き声の動作を下記のように変化させる。

❺ 間奏8呼間

❶と同じ。

<2番>
ブー　〜　ブー

片手の人差し指を鼻にあて、「ブー」に合わせて鼻を押す。

<3番>
コン　〜　コン

指を「コン」に合わせてつけたり離したりする。

<4番>
❻ ワン　〜　だいすき

頭の上に耳をつくり、「ワン」に合わせて指を曲げ伸ばしする。

❼ ナンバーワン
＋　後奏8呼間

「ワン」で右の人差し指を上げてストップ。

円であそぼう

2列で向かい合っても楽しいよ！

準備：円になる。　「ニャン」「ブー」「コン」「ワン」のポーズは「動物のポーズであそぼう」と同じ。

❶ 前奏10呼間

音楽を聞く。

<1番>

❷ ニャン あっちで　～　ニャンニャンニャン

♪ニャン あっちで　♪ニャンニャンニャン…

「ニャン」のポーズでジャンプして、右隣の人の背中を歌詞に合わせて猫の手でなでる。

❸ ニャン　～　ニャン

♪ニャンニャンニャン…

❷を左隣で。

❹ あまえて　～　ないてるかな

手をつないで円の中心に8歩進み、次に8歩で元の位置にもどる。

❺ どちらもかわいい

♪どちらもかわいい

4回手拍子する。

❻ ニャンニャン　～　ニャンニャン

♪ニャンニャニャンニャン　♪ニャンニャンニャンニャン

「ニャン」のポーズで2回ずつ右隣と左隣の人の背中をなでる。

❼ どちらも　～　ニャン

♪どちらもかわいい　♪ニャンニャ　♪ニャンニャン　♪ニャン

❺の後、右・左・真ん中でポーズ。

❽ 間奏8呼間

❶と同じ。

*2番以降、❷❸❻❼の動作を次のように変化させる。

<2番>

ブー　～　ブー

♪ブー あっちで　♪ブーブーブー…

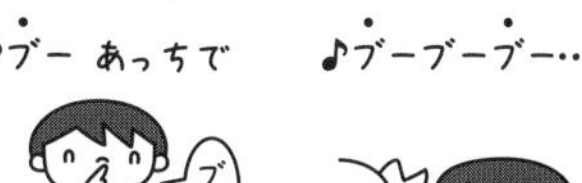

「ブー」のポーズでジャンプ。右・左隣の人の背中を人差し指で押す。

<3番>

コン　～　コン

♪コン あっちで　♪コンコンコン…

「コン」のポーズでジャンプ。右・左隣の人の肩をつまむようにする。

<4番>

❾ ワン　～　だいすき

♪ワン あっちで　♪ワンワンワン…

「ワン」のポーズでジャンプ。
右・左隣の人の頭の上で耳をつくる。

❿ ナンバーワン　＋　後奏8呼間

♪ナンバー　♪ワン

しゃがんでから「ワン」でジャンプして
右の人差し指を上げてストップ。

替え歌で擬音を楽しもう

いろいろな擬音で歌詞を考えてみよう。

<例>

♪ひら　あっちで　ひーらひら
ほら　ひーらひら　ほら　ひーらひら
ひら　あっちで　ひーらひら
ほら　ひーらひら　ほら　ひーらひら
はっぱがおどってるのかな　それとも　ちょうちょかな
どちらもきれいね　ひーらひら　ひらひら
どちらもきれいね　ひーらひら

♪ピカ　あっちで　ピーカピカ
ほら　ピーカピカ　ほら　ピーカピカ
ピカ　あっちで　ピーカピカ
ほら　ピーカピカ　ほら　ピーカピカ
よぞらのおほしさまかな　それとも　かみなりかな
どちらもひかってる　ピーカピカ　ピカピカ
とちらもひかってる　ピーカピカ

3〜5歳児

CD18 じゅげむじゅげむ（「ユーモレスク」より）

古典落語　補作詞：清水玲子　作曲：アントニン・ドヴォルザーク／小西真理　編曲：小西真理

☆縁起の良いもの　たくさん集めたら
長い名前になりました

★寿限無、寿限無　五劫の擦り切れ
海砂利水魚の水行末・雲来末・風来末
喰う寝る処に住む処
藪ら柑子の藪柑子
パイポ・パイポ・パイポのシューリンガン
シューリンガンのグーリンダイ
グーリンダイの　ポンポコピーの　ポンポコナの
長久命の長助ちゃん

★3回くりかえし

☆くりかえし

ティッシュであそぼう

歌いながらあそぶと落語が覚えられるよ。

準備：ティッシュをそれぞれの手に1枚ずつ持つ。

❶ 波の音

音楽を聞く。

❷ えんぎの　〜　なりました

右上から左下へ、両手で波をつくる。次に左上から。この動作を2回。

❸ 間奏16呼間

ティッシュをリズムに合わせて上下に振る。

❹ じゅげむ　じゅげむ　ごこうのすりきれ

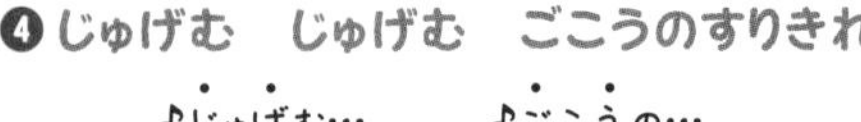

右手首を顔の横で4回まわす。次に左手。

❺ かいじゃりすいぎょの

両手首を顔の横で4回まわす。

❻ すいぎょうまつ

上下に2回振る。

❼ うんらいまつ　〜　すむところ

❹〜❻と同じ。

❽ やぶらこうじの　〜　シューリンガン

クネクネしながらしゃがむ。この動作を2回。

❾ シューリンガンの　〜　ポンポコナの

立ったりしゃがんだりする。この動作を3回。

❿ ちょうきゅうめいの　ちょうすけちゃん

その場で素早くまわってから、頭の上で円をつくる。

⓫ 間奏16呼間

❸と同じ。

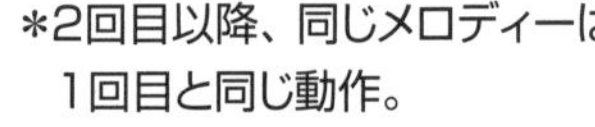
*2回目以降、同じメロディーは1回目と同じ動作。

⓬ えんぎの　〜　なりました　＋　後奏8呼間

❷の後、後奏でおじぎをする。

二重円で向かい合い、⓫で4回手拍子してから次の4呼間で右隣へ移動する動作を2回して、2人目と踊ろう。

準備：2人組で向かい合う。

❶ 波の音

音楽を聞く。

❷ えんぎの ～ なりました

♪えんぎのよいもの…

右上から左下へ、両手で波をつくる。
次に左上から。この動作を2回。

❸ 間奏16呼間

両手を合わせて交互に押し合いながらリズムをとる。

❹ じゅげむ じゅげむ ごこうのすりきれ

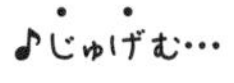

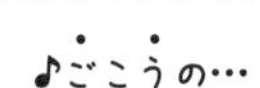

右手首を顔の横で4回まわす。
次の4呼間は左手。

❺ かいじゃりすいぎょの

♪かいじゃり…

両手首を顔の横で4回まわす。

❻ すいぎょうまつ

♪すいぎょうまつ

2回手合わせする。

❼ うんらいまつ ～ すむところ

❹～❻と同じ。

❽ やぶらこうじの ～ シューリンガン

♪やぶらこうじの…

両手を合わせたまま、押し合いながらしゃがむ。この動作を2回。

❾ シューリンガンの ～ ポンポコナの

♪シューリンガンの

♪グーリンダイ

両手をつないだまま、立ったりしゃがんだりする。
この動作を3回。

❿ ちょうきゅうめいのちょうすけちゃん

♪ちょうきゅう…

♪ちゃん

手を離してその場で素早くまわってから、
頭の上で円をつくる。

⓫ 間奏16呼間

他の人と2人組になる。

＊2回目以降、同じメロディーは1回目と同じ動作。

⓬ えんぎの ～ なりました ＋ 後奏8呼間

❷の後、後奏でおじぎをする。

4・5歳児

CD 19 桜の歌

作詞：春和 文　原作曲：チャイコフスキー　編曲：中野雄太　楽曲編曲：丹羽あさ子

今　僕らは　別々の道
歩いてゆく　新しい明日へと

苦しくても　共に過ごした日と
この歌を　ずっと忘れないで

☆咲き誇れ　桜よ　咲き誇れ　笑顔よ
　果てしないこの道　夢へと続いてゆく
　変わらない　想いよ　変わらない　仲間よ
　迷うことなく　ただまっすぐ信じつづけて
今　この時　さぁ　一歩踏み出そう

旅立ちはそう　さよならじゃないから
こぼれてゆく　涙を拭いたら
また逢う時には　いつものあの笑顔で

<咲き誇れ　桜よ　咲き誇れ　笑顔よ>

☆くりかえし
未来で夢を咲かせるため　一歩踏み出そう

2人組であそぼう

❸は手を離してまわってもOK。

準備：2人組で向かい合い、手をつなぐ。

❶前奏36呼間

音楽を聞く。

❷いま　ぼくらは　べつべつのみち

4呼間ずつ、シーソーのように
右左にゆれる。この動作を2回。

❸あるいてゆく　あたらしいあすへと

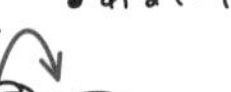

1回転する（反対まわりも）。

❹くるしくても
～ わすれないで

❷❸と同じ。

❺さきほこれ ～ えがおよ

右左の順に2回ずつ手合わせする。
次に1回ずつで2回。この動作を2回。

❻はてしない ～ つづいてゆく

8呼間、手をつないで
右まわりに歩く。次に左まわり。

❼かわらない
～　しんじつづけて
＋　4呼間

❺❻と同じ。
4呼間は足踏みする。

❽(い)ま ～ ふみだそう
＋4呼間

4呼間ずつ、しゃがんでから立つ。
この動作を2回。
次の4呼間は両手を上げてストップ。

❾たびだちはそう
～　あのえがおで

手を離して走る。

❿<さきほこれ
～ えがおよ>

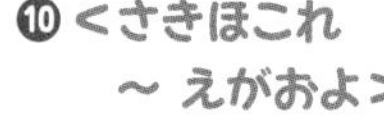

歩いて他の人を探し、
両手をつなぐ。

⓫さきほこれ
～　しんじつづけて

❺❻の動作を2回。

⑫ みらいでゆめをさかせるため いっぽふ

4回手拍子・4回手合わせ・
2回手拍子・2回手合わせ。
次に1回手拍子・1回手合わせを2回。

⑬ みだ

たくさん手合わせする。

⑭ そう ＋ 後奏16呼間

押して、大きく手をまわしてから、
手を合わせストップする。

円で踊ろう

いつも同じ方向にギャロップをすると綺麗だよ。

準備：円になり、右手に布を持って、手をつなぐ（布にゴムをつけて指に通す）。

❶ 前奏36呼間

音楽を聞く。

❷ いま　ぼくらは　べつべつのみち

4呼間ずつ、右左にゆれる。
この動作を2回。

❸ あるいてゆく　あたらしいあすへと

円の中心に向かって8歩歩いて入り
8歩で元の位置にもどる。

❹ くるしくても 〜 わすれないで

❷❸と同じ。

❺ さきほこれ　〜　えがおよ

ギャロップする。

❻ はてしないこのみち

手を離して、胸の前で
8の字を2回描く。

❼ ゆめへとつづいてゆく

その場で素早くまわる
（反対まわりも）。

❽ かわらない 〜 しんじつづけて ＋ 4呼間

❺〜❼と同じ。最後に両手を
上げてストップする。

❾ (い)ま　〜　ふみだそう ＋　4呼間

4呼間ずつ、しゃがんでから立つ。
この動作を2回。次の4呼間は
両手を上げてストップ。

❿ たびだちはそう 〜　またあうときに

8呼間、好きなところを走る。次に
8呼間、手を振る。この動作を2回。

⓫ は　〜　あのえがおで

8呼間で、走って円にもどり
手を振る。

⓬ <さきほこれ 〜　えがおよ>

手を上げたままストップ
して、「えがおよ」で
手をつなぐ。

⓭ さきほこれ 〜　しんじつづけて

❺〜❼の動作を2回。

⓮ みらいでゆめをさかせるため

手をつないで足踏みする。

⓯ いっぽふみだそう

手を上げてから「そう」で
大きく1歩前へ出る。

⓰ 後奏16呼間

手を離して右手を振る。

3〜5歳児

CD20 クシコス・ポスト

作曲：ヘルマン・ネッケ

 馬にのってあそぼう

❺❻は立ち上がって好きなところへ行ってもいいよ。

準備：椅子にすわり、両手を胸の前でグーにする。

❶前奏8呼間
0：00〜

音楽を聞く。

❷32呼間
0：04〜

馬にのっているようにリズムをとる。

❸32呼間
0：17〜

左手と両足でリズムをとりながら、右手で自分のおしりをたたく。

❹間奏8呼間
0：30〜

4呼間ずつ、右・前・左・前を見る。

❺32呼間
0：33〜

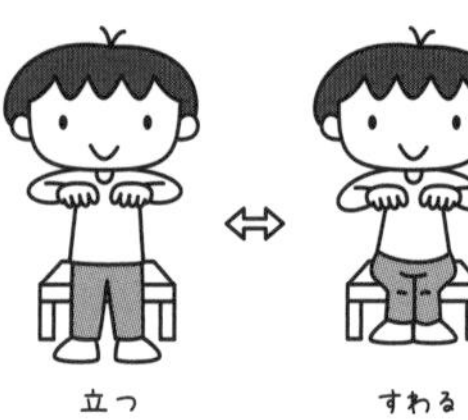

4呼間ずつで、立ったりすわったりする動作を2回。次に2呼間ずつで4回。

❻32呼間
0：46〜

8呼間は首を右左に素早く振ってから、4呼間ずつ2回ジャンプする。この動作を2回。

❼間奏8呼間
0：59〜

❶と同じ。

❽64呼間
1：02〜

❷❸と同じ。

❾4呼間
1：28〜

最後に両手を上げる。

絵をかいてあそぼう

❸〜❻は、はじめから2色を別に用意して挑戦しても楽しいよ。

番号は「馬にのってあそぼう」と対応。

できあがり

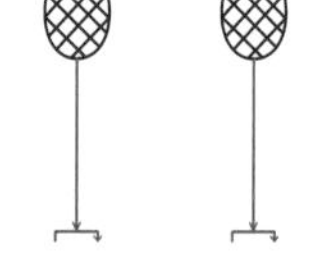
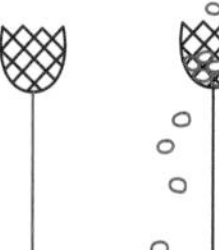
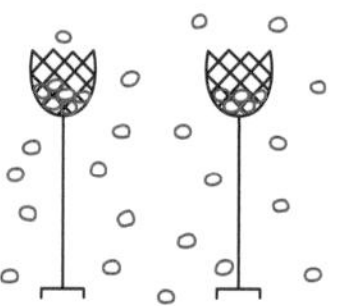

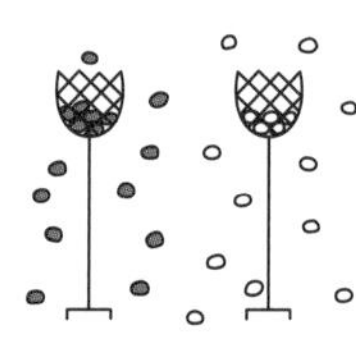

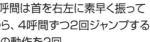

前奏8呼間
❶4呼間　4呼間　❷4呼間　4呼間　4呼間　4呼間　4+4呼間　4+4呼間　❸❹40呼間　❺❻64呼間
半分○をぬる

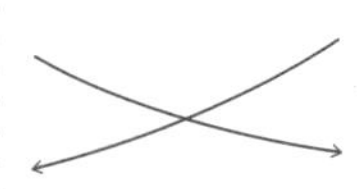
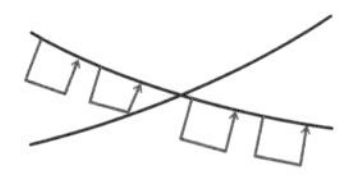
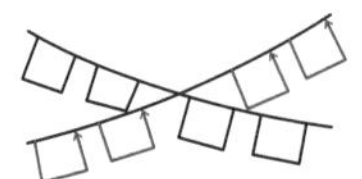

間奏8呼間
❼4呼間　4呼間　❽16呼間
4呼間ずつで4つ描く　16呼間
同じ　16呼間
4呼間ずつで4つの旗もよう　16呼間
同じ

CD 21 エル・クンバンチェロ

作曲：ラファエル・エルナンデス・マリン　編曲：岩井直溥

 数字の歌をつけて指であそぼう

慣れてきたら反対（5や10）から数えてあそぼう。

☆下記のように歌詞をつけて、歌いながら指を出してあそびましょう。

♪☆1・2・3・4・5　1・2・3・4・5
1・2・3・4・5・6・7・8・9・10

☆2回くりかえし

ラララララ〜

☆くりかえし

❶ 前奏16呼間
0：00〜

手をブラブラさせる。

❷ 16呼間
0：07〜

「1・2・3・4・5」を順に出す。この動作を2回。

❸ 8呼間（12345678）
0：13〜

「1・2・3・4・5・6・7・8」を順に出す。

❹ 8呼間（9 10）
0：16〜

4呼間ずつ「9」を出してから「10」を出す。

❺ 4呼間
0：20〜

❶と同じ。

❻ 36呼間
0：21〜

❷〜❺と同じ。

❼ 32呼間
0：36〜

❷〜❹と同じ。

❽ 32呼間（ラララララ〜）
0：49〜

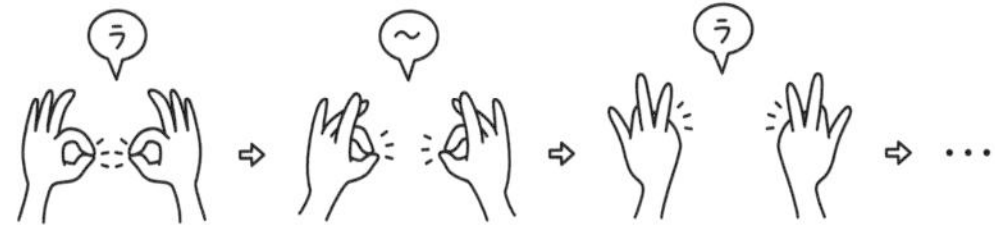

リズムに合わせて、親指と人差し指・中指・薬指・小指の順に合わせる。

❾ 32呼間
1：02〜

❷〜❺と同じ。

❿ 8呼間
1：15

両手で4回グーパーする。

⓫ 8呼間
1：19〜

かいぐりする。

⓬ 後奏
1：22〜

両手を上げてキラキラさせる。

 いろいろな国の言葉で歌おう

いろいろな国の数え方も覚えられるよ！

☆日本語の数字の数え方と同じように、英語や他の国の言葉の数字も歌詞にしてあそびましょう。

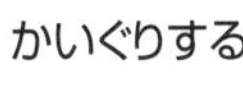

<中国語ver.>
イー・アル・サン・スー・ウー・リュー・チー・パー・チュー・シー

<フランス語ver.>
アン・ドゥ・トォロワァ・キャトゥル・サンク・シス・セットゥ・ユィットゥ・ヌーフ・ディス

<韓国語ver.>
ハナ・トゥル・セッ・ネッ・タソッ・ヨソッ・イルゴッ・ヨドル・アホッ・ヨル

EL CUMBANCHERO
Words and Music by Rafael Hernandez Marin

3〜5歳児

CD22 アロハ・エ・コモ・マイ（リロ&スティッチ）

歌詞はP.154

全身であそぼう（ハワイアン気分で踊ろう）

⓬は好きなところを走りまわってもいいよ。

衣装イメージ：レイ、柄シャツ。

❶ 前奏8呼間（トゥキバワバ）

両手を腰にあてて、音楽を聞く。

❷ イ・ライラ　〜　イトコたち

リズムに合わせて、右左におしりを振る。

❸（ア）ロハ・エ・コモ・マイ

♪（ア）ロハ・エ・コモ
♪マイ

2呼間はしゃがみ、次の2呼間で両手を上げて立ち上がる。

＜1番＞

❹（さみ）しくて　〜　でないとき

♪（さみ）しくて
♪おーちこんで

パン！
パン！

2呼間ずつで、右左で2回手拍子する。この動作を2回。

❺ どんなに　〜　かくれなくていい

♪どんなにこころ
♪ぼそくても

2呼間ずつ、両手で顔を隠したり出したりする。

❻ どっしり　〜　ひらける

❹❺と同じ。

❼（ア）ロハ（トゥキワラ）

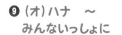

❸と同じ。

❽（お）うちをみつけよう

ピョン！
ピョン！

その場でジャンプしてまわる。

❾（オ）ハナ　〜　みんないっしょに

❸❽❸と同じ。最後にストップする。

❿ イ・ライラ　〜　コモ・マイ

❷❸を2回。

＜2番＞

⓫（ご）らんよ　〜　コモ・マイ　＋　間奏8呼間

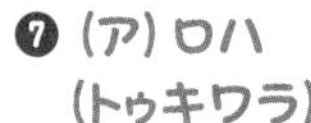

❹〜❿、❸❶と同じ。

⓬ イキ・トゥキ・ニーハイ　〜　（ココナツ）

イキ・トゥキ・ニーハイ
（イキ・トゥキ・ニーハイ）

両手をひじから曲げて、歌詞に合わせて、両手と頭を同時に上下させる。

⓭ イ・ライラ　〜　アロハ・エ・コモ・マイ

❷❸を2回した後、❸を2回。

⓮（バーイ）

両手を上げて振る。

フラダンスを踊ろう

保育者も保護者も一緒に踊ってみよう！

衣装イメージ：巻きスカート、レイ。

☆「アロハ」の手は、親指と小指だけ立てます。

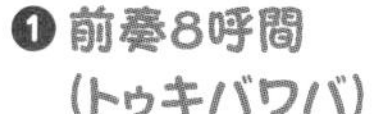

❶前奏8呼間（トゥキバワバ）

音楽を聞く。

❷イ・ライラ・オ・カウアイ・ラ

両手を上からヒラヒラさせながら下ろす。

❸ノ・マリヒニ・オハナ

2呼間ずつ、右左の順で波をつくるように手と体をゆらす。

❹ようこそイトコたち

❷と同じ。

❺（ア）ロハ・エ・コモ・マイ

「アロハ」の手で、顔の前で交差させながら円を描く。

＜1番＞

❻（さみ）しくて　～　でないとき

4呼間で、手のひらを外にして、顔の前で左から右へヒラヒラさせながら動かす。次に反対方向から。

❼どんなに　～　かくれなくていい

❸を2回。

❽どっしり　～　ひらける

❻❼と同じ。

❾（ア）ロハ（トゥキワラ）

❺と同じ。

❿（お）うちをみつけよう

「アロハ」の手で両手を細かく振りながら、片足を軸にしてその場でまわる。

⓫（オ）ハナ　～　いっしょに

❺❿❺と同じ。最後にストップする。

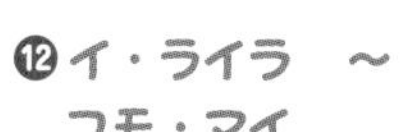

⓬イ・ライラ　～　コモ・マイ

❷～❺を2回。

＜2番＞

⓭（ご）らんよ　～　コモ・マイ　＋　間奏8呼間

❻～⓬、❺❶と同じ。

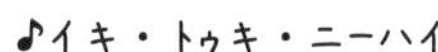

⓮イキ・トゥキ・ニーハイ　～　（ココナツ）

両手をひじから曲げて、歌詞に合わせて、両手と頭を同時に上下させる。

⓯イ・ライラ　～　アロハ・エ・コモ・マイ

❷～❺を2回した後、❺を2回。

⓰（バーイ）

「アロハ」の手を上げて振る。

4月　5月　6月　7月　8月　日本のわらべうた＆世界のこどもうた　今月のうた　クラシック＆ディズニー　お話

3〜5歳児

CD 23 ハイ・ホー（白雪姫）

歌詞はP.154

☆映画「白雪姫」の中で、小人たちが仕事をしながら歌う曲です。

準備:両手でフープを持つ。

❻のフープの出入りのタイミングを変化させてあそぼう。

❶ 前奏32呼間

音楽を聞く。

❷（ハイ・）ホー　〜　こえをそろえ

2呼間ずつフープを上下させる。この動作を2回。

❸（み）んなでたのしく　いざ　ハイ・ホー　ハイ・ホー　ハイ・

フープをくぐりながら1回転させる。

❹ ホー　ハイ・ホー　ほがらかに　〜　いざ　ハイ・ホー

❷❸と同じ。

❺ 間奏16呼間

フープを頭の上からくぐるように落とす。

❻（く）ちぶえをげんきに　〜　ふきならし

好きなところを歩く。保育者の合図でフープに入り、次の合図で出て歩く。この動作をくり返し、最後に入る。

❼ 間奏8呼間

両手とおしりを振りながら小さくなりフープを持つ。

❽（ハイ・）ホー　〜　いざ　ハイ・ホー（ゆっくり）

小さくなったまま、好きなところを歩く。

❾ 間奏8呼間

両手とおしりを振りながら大きくなる。

❿（ハイ・）ホー　〜　いざ　ハイ・ホー（速い）

フープを持って好きなところを走る。

⓫ 間奏8呼間

フープをまわす準備をする。

⓬（ラ）ラララ　〜　いざ　ハイ・ホー　＋　後奏4呼間

フープを腕やお腹など好きなところでまわす（床に立ててまわしてもよい）。後奏で止めて、最後に両手で持って上げる。

☆❻は「赤」「青」などの色や「2人」「3人」など人数を言い、子どもがその指示に合わせてフープに入るあそびも楽しいです。最後は、1人ずつフープに入るようにしましょう。

全身であそぼう（可愛いダンス）

⑬が大変なときは 立ってもOK!

❶ 前奏32呼間

腕を組んで、ひざでリズムをとる。

❷ （ハイ・）ホー　～　こえをそろえ

両手両足を開き、右で4回リズムをとる。次に左で4回。

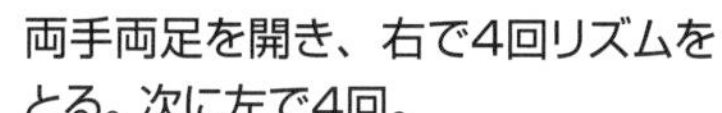

❸ （み）んなでたのしく　いざ　ハイ・ホー　ハイ・

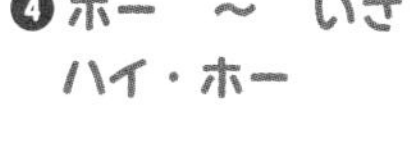

その場でジャンプしながらまわる。

❹ ホー　～　いざ　ハイ・ホー

❷❸と同じ。

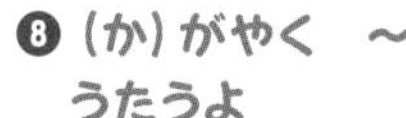

❺ 間奏16呼間

❶と同じ。

❻ （く）ちぶえをげんきに　ふきならし

顔の右横で4回手拍子。次に左横で4回。

❼ （あ）しどりもかるく　むねをはって

胸をはってその場で歩いてまわる。

❽ （か）がやく　～　うたうよ

❻と同じ。

❾ （ララ）ラ　～　ラララ

その場で素早くまわる（反対まわりも）。

❿ （うた）えば　たのしい

4回手拍子してからキラキラさせる。

⓫ （く）ちぶえを　～　ふきならし

❻❼を2回。

⓬ 間奏8呼間

両手とおしりを振りながら小さくなる。

⓭ （ハイ・）ホー　～　いざ　ハイ・ホー（ゆっくり）

小さくなったまま❷の動作の後、ゆっくり歩いてまわる。この動作を2回。

⓮ 間奏8呼間

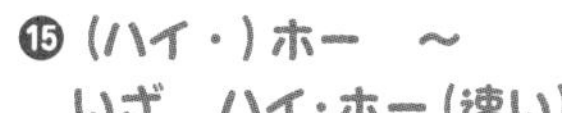

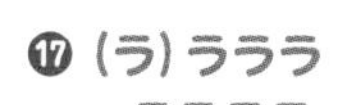
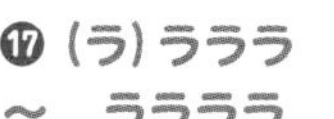
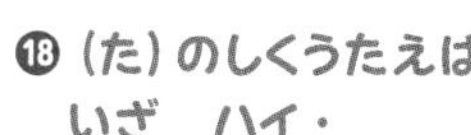
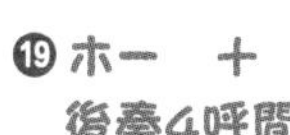

両手とおしりを振りながら大きくなる。

⓯ （ハイ・）ホー　～　いざ　ハイ・ホー（速い）

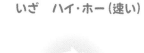

❷❸を2回。

⓰ 間奏8呼間

両手とおしりを振りながら大きくなったり小さくなったりする。

⓱ （ラ）ラララ　～　ラララララ

好きなところを走る。

⓲ （た）のしくうたえば　いざ　ハイ・

8回手拍子する。

⓳ ホー　＋　後奏4呼間

両手両足を広げて、頭の上でキラキラさせる。

手合わせであそぼう

何回「ハイ・ホー」が出てくるか、音楽をよく聞いてあそぼう！

準備：2人組で向かい合う。

「ハイ・ホー」以外は「全身であそぼう」と同じ動作。

「ハイ」は右手、「ホー」は左手で、横から手合わせする。

2〜5歳児

CD 24 リーダーにつづけ（ピーター・パン）

歌詞はP.154

☆映画「ピーター・パン」の中で、ネバーランドの子どもたちと行進しながら歌う曲です。

直角歩きであそぼう

1人で歩いても、2人以上の複数で列になって歩いても楽しいよ。

❶ 前奏24呼間

音楽を聞き、首でリズムをとる。

＜1番＞
❷ あとにつづけ　〜　めいれいだぞ

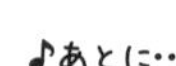

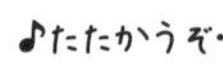

好きなところを歩き、16呼間で90度右に曲がる。この動作を2回。

❸（ティ）ダム　ティディ

その場で2回ジャンプする。

❹（ア）ティドゥリドゥ　ティディ

走りながら90度右へ曲がる。

❺（ティ）ダム　〜　ことばはひとつ

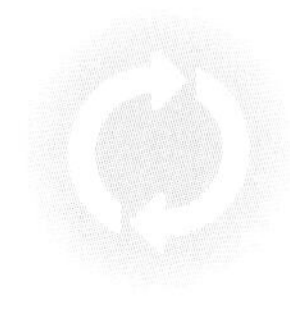

❸❹を2回。

❻（さあ）ティドゥリダム　〜　ティディ

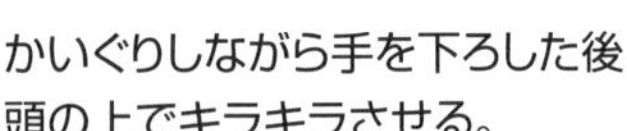

かいぐりしながら手を下ろした後、頭の上でキラキラさせる。

❼（ティ）ダム　〜　ティディ

❸〜❻と同じ。

❽ 間奏A　16呼間

4呼間ずつ、両腕を胸の前で伸ばし、次に90度に曲げる。この動作を2回。

❾ 間奏B　16呼間

4呼間ずつ、腕を90度に曲げたまま、腰をひねって右・前・左・前の順に向く。

＜2番＞
❿ あとにつづけ　〜　ティディ

❷〜❼と同じ。ただし❷は8呼間ずつで4回曲がる。

＜3番＞
⓫ ラララララ　〜　ラララララ

❷〜❻と同じ。ただし❷は4呼間ずつで8回曲がる。

⓬（さあ）ティドゥリダム　〜　ティドゥリドゥ

90度ずつ右へ4回ジャンプする。

⓭（ティ）ディ　＋　後奏4呼間

その場で走って、最後に両手を頭の上でキラキラさせる。

全身であそぼう（可愛いダンス）

3番の「ラララララ〜」から1列になり、保育者が先頭になって指揮棒でリズムをとりながら歩いてもいいね。

衣装イメージ：羽根飾り、ネッカチーフ。

<1番>

❶ 前奏24呼間

好きなところを歩く。

❷ あとにつづけ　〜　どこまでも

左手を腰にあてて、4呼間で、右手は敬礼、右足を前に出してもどす。この動作を4回。

❸ (た) たかうぞ　〜　インディアン

2呼間ずつで、右左交互にガッツポーズする。この動作を3回。

❹ (め) いれいだぞ

右の人差し指を前に出して、2回上下に振る。

❺ (ティ) ダム　ティディ

両腕を振って好きなところへ2回ジャンプする。

❻ (ア) ティドゥリドゥ　ティディ

小走りで前に進む。

❼ (ティ) ダム　〜　ことばはひとつ

❺❻を2回。

❽ (さあ) ティドゥリダム　〜　ティディ

かいぐりしながら小さくなり、最後に両手を頭の上でキラキラさせる。

❾ (ティ) ダム　〜　ティディ

❺〜❽と同じ。

❿ 間奏32呼間

❶と同じ。

<2番>

⓫ あとにつづけ　〜　ティディ

❷〜❾と同じ。

<3番>

⓬ ラララララ　〜　ラララララ

❷〜❽と同じ。

⓭ (さあ) ティドゥリダム　〜　ティドゥリドゥ　ティ

両手両足を大きく広げながら4回ジャンプする。

⓮ ディ　＋　後奏4呼間

手を横でキラキラさせながらその場で素早くまわる（反対まわりも）。最後に❷の敬礼のポーズ。

3〜5歳児

CD 25 ミッキーマウス・マーチ

歌詞はP.155（☆★＊は歌詞に対応しています）

❸❹は両手一緒にグーパーでもOK!

❶前奏8呼間

両手の親指をつけてパーにして、音楽を聞く。

❷☆ミッキーマウス ～ クラブ

人差し指から順に小指まで合わせる。この動作を2回。

❸★ぼくらのクラブの

2呼間で、右手グー・左手パーにして出す。次に反対。

❹リーダーは

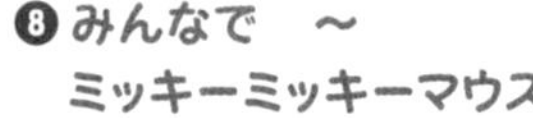

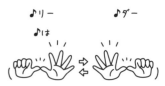

1呼間ずつ❸の動作をし「は」でストップ。

❺ミッキーマウス ～ ミッキーミッキーマウス

❸❹を3回。

❻＊（ミッキー）マウス ～ こえたかく

両手を交差させてちょうちょの形をつくる。次にもどす。この動作を2回。

❼ヘイヘイヘイ

3回手をたたく。

❽みんなで ～ ミッキーミッキーマウス

❸❹を2回。

❾☆★＊ミッキーマウスクラブ ～ ミッキーマウス

❷～❽と同じ。

❿間奏8呼間

指を細かく動かす。

⓫☆ミッキーマウス ～ クラブ

❷と同じ。

⓬メロディー64呼間

親指を離して、両手を好きなところでブラブラさせる。

⓭M・I・C・K・E・Y ～ M・O・U・S・E

歌詞に合わせて11回手拍子。この動作を2回。

⓮★＊＊ぼくらの ～ ミッキーマウス

❸～❽、❻❼
❸❹❸と同じ。

⓯ミッキーミッキー

手をパーにして、右左の順に頭の上につけて耳をつくる。

⓰マウス ＋ 後奏4呼間

手をキラキラさせる。

全身であそぼう（グーでダンス）

黒く塗った紙皿を持って踊るとミッキーマウスみたいになるよ。

準備：両手をグーにして腰にあてる。

① 前奏8呼間

首でリズムをとる。

② ☆ミッキーマウス　～　クラブ

右手を右上から左下に4回振り下ろす。

③ ★ぼくらのクラブのリーダーは

足踏みする。

④ ミッキーマウス　～　ミッキーミッキーマウス

2呼間ずつ、右左の順に手を頭の上にのせてから、その場で3回ジャンプする。

⑤ つよくて　～　ミッキーミッキーマウス

③④と同じ。

⑥ ＊（ミッキー）マウス　ミッキーマウス

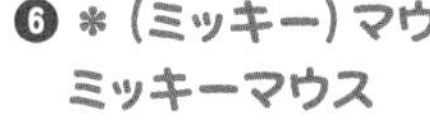

その場で素早くまわる（反対まわりも）。

⑦ （さあ）うたおう　こえたかく

しゃがんでから、両手両足を広げてジャンプした後ストップ。

⑧ ヘイヘイヘイ

ジャンプしながら、頭の上で両手をリズムに合わせて右左に振る。

⑨ みんなで　～　ミッキーミッキーマウス

③④と同じ。

⑩ ☆★＊ミッキーマウスクラブ　～　ミッキーマウス

②～⑨と同じ。

⑪ 間奏8呼間

両手を右左に振りながら上下する。

⑫ ☆ミッキーマウス　～　クラブ

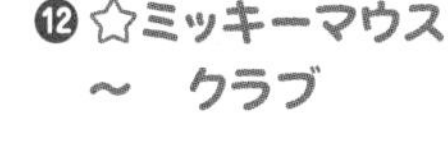

②と同じ。

⑬ メロディー32呼間

好きなところをロボットのように小走りする。

⑭ メロディー32呼間

好きなところを大きく手を振って歩く。

⑮ M・I・C・K・E・Y　～　M・O・U・S・E

歌詞に合わせて顔の右横で11回手拍子する。次に左横で。

⑯ ★＊＊ぼくらの　～　ジャンボリー

③～⑨、⑥～⑧③と同じ。

⑰ ミッキーマウス　ミッキーマウス

2呼間ずつ、右左の順に手を頭の上にのせる。

⑱ ミッキーミッキー

4呼間ずつ、両手両足を広げて2回ジャンプする。

⑲ マウス　＋　後奏4呼間

その場でまわってから、最後に両手を頭の上にのせる。

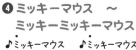

4・5歳児

CD 26 アンダー・ザ・シー（リトル・マーメイド）

歌詞はP.155

ハンカチの色をそろえるときれいだよ。

☆ハンカチをティッシュに持ち替えれば、すわったままでもあそべます。

準備：2枚のハンカチ。

ヘアゴムにハンカチの端を結び、持ち手をつくる。

❶ 前奏48呼間

両手を交互に上下に振りながら、好きなところを歩く。

<1番>
❷ となりの

右左の順に手を斜めに上げる。

❸ かいそうは

両手を前で揃えて、ハンカチを2回振る。

❹ あおく　～　まちがい

❷❸を3回。

❺ まわりを　～　のぞむ

4呼間ずつで、頭の上でハンカチを右左にゆらす。

❻（すばら）しい

ハンカチを下から振り上げながら走り、頭の上で細かく振る。

❼（アンダー・ザ・）シー

ハンカチを上から振り下ろしながらもどり、後ろで振る。

❽（ダーリン わ）たしの いうことしんじて

❻❼と同じ。

❾（あっちじゃ）はたらく　～　こっちじゃ

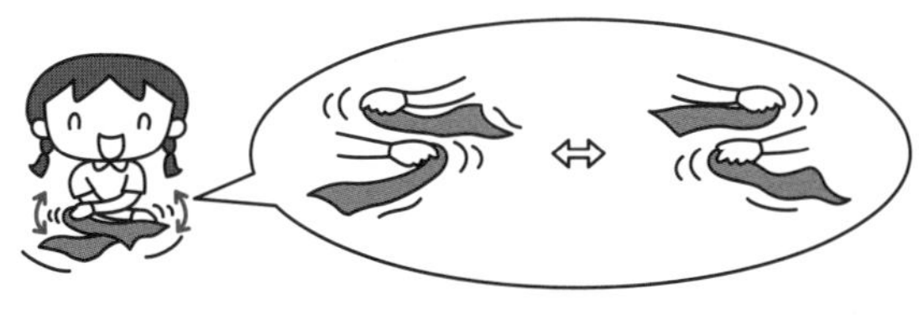

胸の前で両手を交差して、2呼間ずつで右手と左手の上下を入れ替える。この動作を2回。

❿ずっとあそんで「ラッキー！」

小さくなってから、両手を広げてジャンプする。

⓫（アンダー・ザ・）シー

頭の上でハンカチを振りながら、その場で走ってまわる。

⓬間奏16呼間

❶と同じ。

<2番>
⓭メロディー
66呼間　＋
間奏12呼間

❷～⓬と同じ。

<3番>
⓮ここでは
～　シー

❷～⓫、
❻～⓫と同じ。

⓯後奏40呼間

32呼間は❶と同じ。最後の8呼間は、その場で素早くまわる（反対まわりも）。最後に両手を上げる。

発表会に発展させよう

前奏・間奏は海の生き物のイメージで動作を考えよう。

準備：4色の布うちわ。

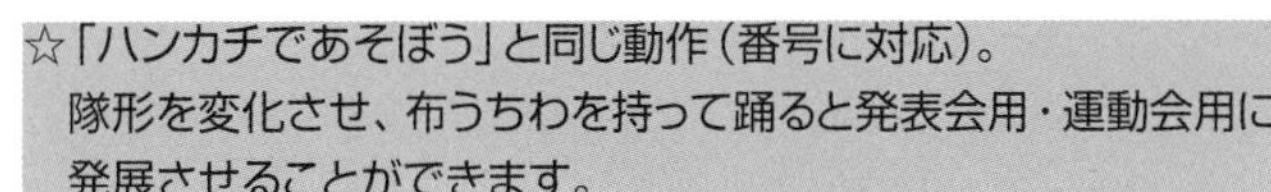

☆「ハンカチであそぼう」と同じ動作（番号に対応）。
隊形を変化させ、布うちわを持って踊ると発表会用・運動会用に発展させることができます。

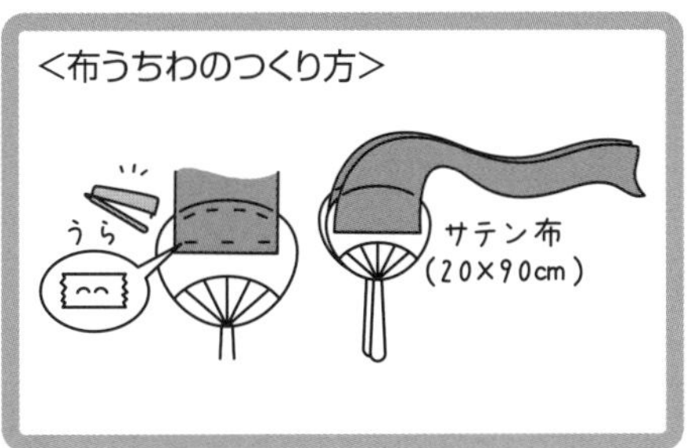

<隊形の例>　※間奏で隊形移動する。

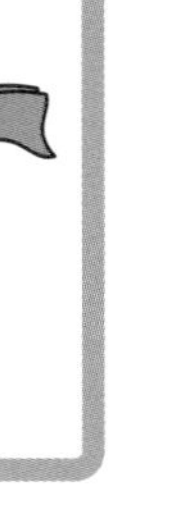

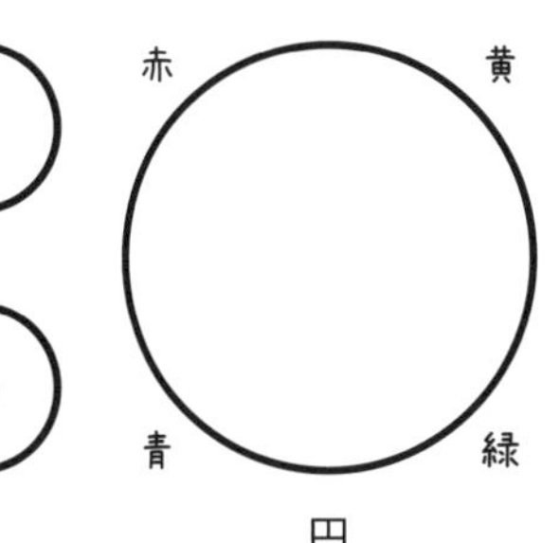

❶前奏48呼間

布うちわを交互に上下に振りながら、入場する。

⓯後奏A　32呼間

8呼間ずつ、色別で順に布うちわを交互に振りながらその場でまわる（反対まわりも）。まわらない組はしゃがんで布うちわを下で振る。

⓰後奏B　8呼間

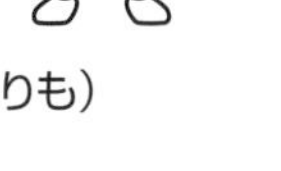

全員で2回素早くまわり（反対まわりも）両手を上げる。

5歳児

CD 27 Be Our Guest（美女と野獣）（インスト）

2組にわかれて歌ってあそぼう

歌の途中、合図で「ラララ組」と「Be Our Guest組」を入れ替えて歌っても楽しいよ。

☆はじめは、曲に合わせて「♪ラララララ〜」のハミングをつけたり、全曲すべてを「♪Be Our Guest」だけの歌詞で歌ったりしてみましょう。

準備：「ラララ組」と「Be Our Guest組」に分かれる。

<1回目>　0：14〜　「ラララ組」が歌う。
<2回目>　0：54〜　「Be Our Guest組」が歌う。
<3回目>　1：31〜　「ラララ組」が歌う。
<4回目>　2：08〜　「Be Our Guest組」が歌う。
<5回目>　2：50〜　8呼間ずつ、交互に歌う。
　　　　　3：17〜　全員で歌う。

ポーズをきめてあそぼう

はじめはできなくてぐちゃぐちゃになっても楽しい！
できるようになると達成感があるよ。

準備：横1列に並ぶ。

A1

手のひらを上にして右手左足を上げる。

A2

反対の手足を上げる。

B1

頭の上で、両手で丸をつくる。

B2

お腹の前でつくる。

C1
手のひらを上にして右手を前に出す。

C2

左手を出す。

❶ 前奏20呼間

音楽を聞く。

<1回目>
❷ 4呼間　0：14〜

ももを細かくたたく。

❸ 16呼間　0：18〜

A1のポーズの後、7回手拍子。次にA2と7回手拍子。

❹ 16呼間　0：25〜

B1　B2

B1のポーズの後、7回手拍子。次にB2と7回手拍子。

❺ 16呼間　0：33〜

C1　C2

C1のポーズの後、7回手拍子。次にC2と7回手拍子。

❻ 8呼間　0：41～

その場で歩いてまわる。

❼ 12呼間　0：45～

右の人差し指を前に出した後、両手を胸の前で交差させてから広げる。

❽ 間奏8呼間　0：50～

❶と同じ。

<2回目>　0：54～
❾ 68呼間　＋　間奏8呼間

❸～❺と同じ。ただし手拍子は3回。
この動作を2回。次に❻～❽。

<3回目>　1：31～
❿ 68呼間　＋　間奏8呼間

❸～❺と同じ。ただし手拍子は1回。
この動作を4回。次に❻～❽。

<4回目>　2：08～
⓫ 68呼間　＋　間奏8呼間

❷～❺のポーズのみ（手拍子なし）。
この動作を8回。次に❻～❽。

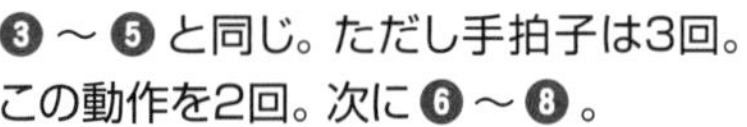

<5回目>
⓬ 16呼間　2：50～

手拍子の後、右隣の人の手をたたく。
この動作を8回。

⓭ 16呼間　2：56～

手拍子の後、左隣の人の手をたたく。
この動作を8回。

⓮ 16呼間　3：03～

手拍子の後、両隣の人と手合わせ。
この動作を8回。

⓯ 16呼間　3：10～

❻❼と同じ。

⓰ 16呼間　＋　後奏8呼間　3：17～

❼の動作の後、最後に「Be Our Guest!」と言いながら右手を突き上げる。

2人組であそぼう

❻❼で歩いて違う友だちとペアになってもいいね。

「ポーズをきめてあそぼう」の❶❷❻❼⓰の動作と、2番以降の手拍子の回数の変化は同じ。

A1

右手を合わせる。

A2

左手を合わせる。

B1

両手を上で合わせる。

B2

両手を下で合わせる。

C1

右手で相手の左肩をタッチする。

C2

左手で相手の右肩をタッチする。

❸ 16呼間　0：18～
A1のポーズの後、
7回手拍子。
次にA2と7回手拍子。

❹ 16呼間　0：25～
B1のポーズの後、
7回手拍子。
次にB2と7回手拍子。

❺ 16呼間　0：33～
C1のポーズの後、
7回手拍子。
次にC2と7回手拍子。

⓬～⓮ 48呼間　2：50～
2人で向かい合い「ポーズをきめてあそぼう」の⓬～⓮の動作。

CD 22 アロハ・エ・コモ・マイ（リロ&スティッチ）

作詞：アリ・B.オリモ　日本語詞：不詳　作曲：ダニー・ジェイコブ　編曲：藤尾 領

トゥキバワバ

☆イ・ライラ・オ・カウアイ・ラ
　ノ・マリヒニ・オハナ
　ようこそ　イトコたち
　アロハ・エ・コモ・マイ

さみしくて　落ち込んで　元気出ないとき
どんなに心細くても　隠れなくていい
どっしり構えていれば　きっとだいじょうぶ
希望さえあれば　道は開ける

アロハ（トゥキワラ）
★おうちを見つけよう　オハナ
　家族を作ろう　楽しく暮らそう
　みんな一緒に

☆くりかえし
（マカマカ）
☆くりかえし

ごらんよ　トゥキバワバ　はてしない空
愛が君を包んでる　まるでパラダイス
大きな翼を　広げ飛び出せ
心の歌が　聞こえてくる

アロハ（アロハ）
★くりかえし

☆くりかえし
（イキ・ババ）
☆くりかえし
アロハ・エ・コモ・マイ

イキ・トゥキ・ニーハイ（イキ・トゥキ・ニーハイ）
アカ・ティキ・バーバー（アカ・ティキ・バーバー）
ガバ・イカ・タシュパ？（ガバ・イカ・タスパ？）
ウチャ（ウチャ）
チカ（チカ）
ミキ・ミキ・ココナツ（ミキ・ミキ・ココナツ）

☆くりかえし
（ミキ・ミキ・ココナツ）
イ・ライラ・オ・カウアイ・ラ
ノ・マリヒニ・オハナ（ダブダ・ダブダ）
ようこそ　イトコたち
アロハ・エ・コモ・マイ（イキ・イキ・ボー・ボー）
アロハ・エ・コモ・マイ（トゥキバワバ）
アロハ・エ・コモ・マイ（バーイ）

CD 23 ハイ・ホー（白雪姫）

作詞：ラリー・モーレイ　日本語詞：不詳　作曲：フランク・チャーチル　編曲：藤尾 領

☆ハイ・ホー　ハイ・ホー　こえをそろえ
　みんなでたのしく　いざ　ハイ・ホー
　ハイ・ホー　ハイ・ホー　ハイ・ホー
　ほがらかに
　たのしく歌えば　いざ　ハイ・ホー

くちぶえを元気に　ふきならし
あしどりもかるく　むねをはって
かがやく空には　小鳥も歌うよ
ラララ　ラララ　ラララ　ラララ
歌えばたのしい

くちぶえを元気に　ふきならし
あしどりもかるく　むねをはって
かがやく空には　小鳥も歌うよ
くちぶえを元気に　ふきならし

☆くりかえし（ゆっくり）
☆くりかえし（速い）

ラララララ～

たのしく歌えば　いざ　ハイ・ホー

CD 24 リーダーにつづけ（ピーター・パン）

作詞：テッド・シアーズ／ウィンストン・ヒブラー　日本語詞：海野洋司　作曲：オリバー・ウォーレス　編曲：薮内智子

☆あとにつづけ　つづけ　つづけ
　あの子につづけ　さあ　どこまでも
　戦うぞ　インディアンと　インディアンと
　インディアンと
　やっつけろ　インディアン　命令だぞ

★ティダム　ティディ
　ア　ティドゥリドゥ　ティディ
　ティダム　ティディ　楽しそうだぞ
　ティダム　ティディ　言葉はひとつ
　さあ　ティドゥリダム
　ア　ティドゥリドゥ　ティディ
★くりかえし

☆くりかえし
★2回くりかえし

ラララララ～

ティダム　ティディ　ラララララララ
ティダム　ティディ　ラララララララ
ティダム　ティディ　ラララララララ
ラララララ～

さあ　ティドゥリダム　ティドゥリドゥ
ティドゥリダム　ティドゥリドゥ　ティディ

CD 25 ミッキーマウス・マーチ

作詞・作曲：ジミー・ドッド　日本語詞：漣 健児　編曲：丹羽あさ子

☆ミッキーマウス・クラブ　ミッキーマウス・クラブ

★ぼくらのクラブのリーダーは
ミッキーマウス　ミッキーマウス　ミッキーミッキーマウス
つよくてあかるいげんきもの
ミッキーマウス　ミッキーマウス　ミッキーミッキーマウス

＊ミッキーマウス　ミッキーマウス
さあうたおう　こえたかく　ヘイヘイヘイ
みんなでたのしいジャンボリー
ミッキーマウス　ミッキーマウス　ミッキーミッキーマウス

☆くりかえし
★くりかえし
＊くりかえし

☆くりかえし

M・I・C・K・E・Y　M・O・U・S・E
M・I・C・K・E・Y　M・O・U・S・E
★くりかえし
＊2回くりかえし

CD 26 アンダー・ザ・シー（リトル・マーメイド）

作詞：ハワード・アッシュマン　日本語詞：松澤 薫　作曲：アラン・メンケン　編曲：藤尾 領

となりの海草は　青くみえるさ
陸に行くのは　大きな間違い
回りを見てごらん　この海の底
「何て素敵な！」世界だ
「これ以上何を」望む

素晴らしい　アンダー・ザ・シー
ダーリン　わたしの言うこと信じて
あっちじゃ働くだけ　朝から晩まで
こっちじゃずっと遊んで「ラッキー！」
アンダー・ザ・シー

ここではみんなハッピー　波とたわむれ
あっちではアンハッピー　狭い水槽で
だけどネ　まだマシ　いつか誰かが
腹ペコになったら
すぐ皿の上　「ヤダネー」

素晴らしい　アンダー・ザ・シー
誰も包丁　フライパン　使わない
あっちじゃ　料理のネタ
こっちじゃ　のびのびと　毎日が楽しいよ
アンダー・ザ・シー

素晴らしい　アンダー・ザ・シー
歌って踊って　みんなハッピー
気持ちいい
いろんな魚たち　奏でる音楽
それはナゼ　わかるナゼ
アンダー・ザ・シー

CD 27 Be Our Guest（美女と野獣）（インスト）

作曲：アラン・メンケン　編曲：藤尾 領

インストゥルメンタル

0〜5歳児

CD 28 浦島太郎伝説

ビゼー 歌劇「カルメン」より第1幕前奏曲・闘牛士の歌
チャイコフスキー バレエ「白鳥の湖」よりスペインの踊り
ビゼー 歌劇「カルメン」よりアラゴネーズ

作詞：清水玲子　作曲：ビゼー／チャイコフスキー　編曲：丹羽あさ子

歌でお話

歌にすると浦島太郎のお話もすぐに覚えられてしまう！
曲に合わせてペープサートや場面の絵を描いて紙芝居も楽しめるよ。

☆浦島太郎のお話を、ビゼーやチャイコフスキーの有名な曲のメロディーにのせて替え歌にしました。

場面の絵は拡大コピーして、ぬりえなどを楽しんでください。

♪＜第1幕前奏曲＞

これから始まる　すてきなお話　歌って聞かせよう
みんなも知ってる　亀を助けた　浦島太郎
これから始まる　すてきなお話　歌って聞かせよう
みんなも知ってる　亀を助けた　浦島太郎

海辺をのんびり　歩いていると
いたずら子どもたち　亀をいじめている

ひっくり返して　「エイヤー　エイヤー」
棒でつついて　「エーイ　やっちゃえー」

これこれ　子どもよ　いじめちゃだめだよ
逃がしておやりなさい

亀を助けた　心のやさしい　浦島太郎
浦島さんよ　助けてくださりありがとう
お礼にあなたを　竜宮城へお連れします

♪＜闘牛士の歌＞

「竜宮城へつくと　乙姫様が」
ようこそ　竜宮へ
「食べきれない程ごちそうが　次から次へと運ばれる」
まるで夢のような日々
「乙姫様はにっこりと」
さあさ　ごらんください
「タイやヒラメの魚たち　次から次へと舞い踊る」
まるで夢のような日々

♪<スペインの踊り>

「浦島太郎は　毎日うっとりと暮らしていました」
3日目になると　思い出す　母のことを　父のことを
「楽しいけれど　地上に帰りたくなりました」
乙姫様は　引き留めた　『いつまでもいてください』
「それでも浦島太郎は　帰ることに決めました」

♪<アラゴネーズ>

「それでは　この玉手箱を差しあげましょう
しかし　どんなことがあっても　けっして開けてはなりませんよ」

亀の背に乗ってもどった　浦島太郎
「ただいま　お父さん　お母さん」
でも知っている人は　誰もいない
「あれ、みんなはどこへいったの？」

3日だけ　3日だけ　遊んでいたつもりなのに
地上では　地上では　百年も経っていた
寂しくて　寂しくて　乙姫様の言葉忘れ
玉手箱　玉手箱　とうとう開けてしまった
「すると玉手箱の中から　白い煙がモクモクと出てきて、
浦島太郎はあっという間に　真っ白なおひげの
おじいさんになってしまったのでした。

歳をとってしまった浦島太郎ですが
竜宮城から帰ってきたおじいさんとして
たいそう有名になり　村の人気者になりましたとさ
これで浦島太郎のお話は　おしまい！」

※太字は歌の歌詞です。

3~5歳児

CD29 ドロップスのうた

作詞:まど・みちお　作曲:大中 恩　編曲:亀岡夏海

むかし　なきむしかみさまが
あさやけみて　ないて
ゆうやけみて　ないて
まっかな　なみだが　ぽろん　ぽろん
きいろい　なみだが　ぽろん　ぽろん
それが　せかいじゅうに　ちらばって
いまでは　ドロップス

こどもが　なめます　ぺろん　ぺろん
おとなが　なめます　ぺろん　ぺろん

むかし　なきむしかみさまが
かなしくても　ないて
うれしくても　ないて
すっぱい　なみだが　ぽろん　ぽろん
あまい　なみだが　ぽろん　ぽろん
それが　せかいじゅうに　ちらばって
いまでは　ドロップス
こどもが　たべます　ちゅるん　ちゅるん
おとなが　たべます　ちゅるん　ちゅるん

人形であそぼう

準備:人形の両手を持ち、人形が踊ってみえるように自分のひざの上にのせる。

人形が踊っているみたいに動かそう!

☆0歳児からでも見て楽しむことができます。また、自分で踊ることが苦手な子どもは人形を介して踊ることができます。

❶ 前奏16呼間

音楽を聞く。

❷ むかし　~　かみさまが

2呼間ずつで右左に振る。この動作を4回。

❸ あさやけみて

❶と同じ。

❹ ないて

両手を目にあてて、泣くまねをする。

❺ ゆうやけみて　ないて

❶❹と同じ。

❻ まっかな　なみだが　ぽろん　ぽろん

❹の動作の後、涙がこぼれるように右手を少しずつ下げる。

❼ きいろい　なみだが　ぽろん　ぽろん

❻を左手で。

❽ それが　せかいじゅうに　ちら

❷の動作を3回。

❾ ばって　いまでは

両手を上げる。

❿ ドロップス

まわして下ろす。

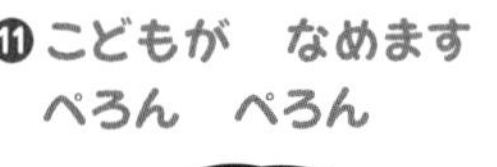

⓫ こどもが　なめます　ぺろん　ぺろん

❶の動作の後、両手を口元で交互に上下させて、なめるまねをする。

⓬ おとなが　~　ぺろん

⓫と同じ。

⓭ 間奏8呼間

❶と同じ。

*2番以降、同じメロディーは1番と同じ動作。

⓮ 後奏8呼間

両手をバイバイさせる。